Skyggesider

Poul Ferland

Skyggesider

Om heksen og Auschwitz' ideologi
To kulturfilosofiske essays

Af samme forfatter:

Kritik af magten (1984)
Det identiskes ophævelse i Adornos negative dialektik (2002)
Skiftespor (2005)
Lysglimt (2006)
Karl Kraus (2008)
Oplyst sport (2010)
Rundt om Aalborg Symfoniorkester (2011)
Teknologikritik i det 20. århundrede især (2013)
Hvad er et kunstmuseum i dag? (2015)
At tænke selv (2017)
Kulturarv og –gæld (2018)

© 2019 – Poul Ferland
Portrætfoto: Annalise Brogaard
Forlag: Books on Demand GmbH, København
Tryk: Books on Demand GmbH, Norderstedt, Tyskland
ISBN: 9788743008897

Indhold

Forord

De to essays om hhv. heksebegrebet og Auschwitz' ideologi er blevet til under min tilknytning som forsker på frivillig basis ved *Sydvestjyske Museer*, især foranlediget af, at museet dels er i færd med at oprette et heksemuseum, og dels har et *Læringscenter for Holocaust og folkedrab* beregnet for undervisning af folkeskolens ældste klasser, foruden at museet i øvrigt har en omfattende samling, forskning og formidling om besættelsestiden.

Artiklerne, der er selvstændige analyser, er således udarbejdet som idéhistorisk og filosofisk forskningsbaseret baggrundsmateriale for museets museumsfaglige personale, som primært er historikere og arkæologer.

Men artiklerne er naturligvis i mindst lige så høj grad tænkt med henblik på et bredere publikum, der består af enhver, som professionelt eller med en almen interesse beskæftiger sig med kultur-, samfunds- og erkendelsesfag, således historikere, idéhistorikere, filosoffer og sociologer. Og selvsagt henvender artiklerne sig især til den, der har en særlig interesse i viden om hekse og om Auschwitz og fascismen.

Essayene er altså ikke blot (idé)historisk forskning; de har derudover det videre sigte at perspektivere heksebegrebet og Auschwitz' ideologi ind i aktualiteten, idet såvel hverken hekseforfølgelse eller det ideologiske fundament for Auschwitz' praksis kan hævdes at være passé; det påvises således i essayet om sidstnævnte, at idéfundamentet for Auschwitz-lejren ligger latent i også nutidens moderne samfund, og der derfor kræves oplysning og undervisning om det. Noget tilsvarende er tilfældet for forestillinger om heksen.

Den første artikel, om heksebegrebet, ser fundamentet for hekseforestillinger og -forfølgelse i en stærk, men ikke eneherskende, tendens, der er gennemgående i den vestlige kultur, i det mindste fra antikken til vor tid, nemlig den mere almene angst og foragt for kvinden, der i et videre perspektiv ses at bunde i den voldsomt stærke stræben efter at beherske naturen. Som grundlag for artiklens egen konception af et begreb om heksen analyseres tekster af Aristoteles, Giordano Bruno og Sigmund Freud som 'repræsentanter' for hhv. antikken, middelalderen og renæssancen samt moderne tid.

Den anden artikel, om Auschwitz' ideologi, forsøger at komme ind til kernen af ikke blot Auschwitz', men nazismens og fascismens ideologi i det hele taget. En tese er, at denne ideologi tydeligvis ikke kunne legitimere sig selv igennem åbenlys grovhed og brutalitet, hvilket bl.a. skjultheden og intentionen om hemmeligholdelse af menneskeudryddelserne hos regimet samt den i samfundet almindelige fortielse og lukken øjnene for uhyrlighederne taler deres tydelige sprog om. En legitim fascistisk praksis, herunder udryddelsespraksis, måtte således nødvendigvis konstitutivt og i sidste ende være 'pæn', legal og i det hele taget mere civiliseret så at sige. En anden central tese er den, at noget andet, som væsentligt karakteriserede fascismen, var en ekstrem individualisme i form af isolerede, atomiserede individer, der i grunden indbyrdes befandt sig i ubønhørlig kamp om tilværelsen og ikke udelukkende i krig med udenvælts fjender. Langt snarere end kollektivistisk og organicistisk i tråd med dele af den romantiske bevægelse i 1800-tallet var fascismen således ekstremt individualistisk og mekanicistisk.

En central tese i denne artikel er, at en naturbeherskelses-'sucht', en tvang til eller afhængighed af denne beherskelse, er en helt grundlæggende drivkraft for fascismen, sådan som det også er tilfældet i forbindelse med hekseforfølgelse. Heri ligger en vigtig tematisk overensstemmelse mellem de to første essays.

Til forståelse af og kritisk refleksion over Auschwitz' ideologi har jeg her primært anvendt tekster af Hannah Arendt, Theodor W. Adorno og Primo Levi.

Som tillæg er trykt et kort erindrings-essay om min tid som studerende ved *Idéhistorisk Institut* ved *Aarhus Universitet* i 1970'erne; essayet er skrevet i anledning af dette instituts 50 års jubilæum i 1917.

Jeg vil gerne takke personalet ved *Sydvestjyske Museer* for megen hjælpsomhed og værdifuld respons i forbindelse med mit arbejde med artiklerne.

Esbjerg i februar 2019
Poul Ferland

Kvinden: menneske eller heks?

Filosofiske fundamenter for historiske kvindebilleder

Indledning

Det er ikke hensigten her at fremstille det ene eller det andet aspekt af heksenes og hekseprocessernes historie i Danmark eller andetsteds; det er en opgave, som historikere og folkemindeforskere tager sig af. Hensigten er heller ikke at afdække det samfundsmæssige eller kulturelle grundlag for varierende historiske eller aktuelle, konkrete heksebilleder; dette er snarere opgaver for antropologer, etnografer og sociologer. Nyere, feministiske heksebilleder vil således heller ikke være et tema for undersøgelsen.

Det forsøges derimod i artiklen igennem analyser af tankefigurer med klar relation til et begreb om kvinden hos primært Aristoteles, Giordano Bruno og Sigmund Freud at komme tættere på de grundlæggende idémæssige motiver for menneskers og samfunds dannelse af hekseforestillinger.

De historisk og samfundsmæssigt varierende, idémæssige motiver eller fundamentale idédannelser findes ofte bedst reflekteret igennem i de metafysiske og andre metateoretiske overvejelser og skrifter hos nogle af de relevante perioders filosoffer og andre teoretikere, uden at disses overvejelser vel at mærke havde intention om at være ideologisk basis for hverdagens heksebilleder eller endda har heksen som tema overhovedet. Hvad der tværtimod skal understreges, er, at takket være de analyserede filosofiske og metateoretiske ideers gennemarbejdede og gennemreflekterede karakter giver disse ikke kun basis for dagligdagens verdens mere konkrete hekseforestillinger, men langt snarere for kritikken af disse!

De analyserede ideers komplekse, ikke-entydige, reciprokt betingende determinationsforhold til deres materielle omstændigheder vil desuden blive eksplicit inddraget ad hoc, men vil især være uudtalt forudsætning for og implicit til stede i fremstillingen. En central, transhistorisk figur skal dog opridses her. Det drejer sig om menneskers såkaldte livtag eller stofskifte med naturen, for hvilken kvinden i ikke ringe grad og omfang lader sig betragte som en allegori. Af temaer og momenter med relevans for forståelsen af dette 'livtag' kan ikke mindst nævnes beherskelsen af naturen, undertrykkelsen af den, dens reaktionsformer, dens uundgåelighed, uundværlighed, ønskværdighed, skønhed og ikke mindst muligheden for forsoning med den. I nogle perioder er et eller flere af disse eller lignende momenter af større vigtighed end andre.

Aristoteles, Giordano Bruno og Sigmund Freud er valgt som en slags repræsentanter (skønt de ifølge sagens natur ret beset kun repræsenterer sig selv) for hhv. antikken, renæssancen – hekseforfølgelsernes tid sans comparaison – og moderne tid. I disse, i denne sammenhæng helt centrale, perioder udvikles brændstof til ikke blot, hvad man kan kalde kvindens og herunder heksens metafysik, men desuden, og næppe i ringe mål befrugtet af denne metafysik, socialt i høj grad almengyldige forestillinger om hende.

I antikken hos bl.a. Aristoteles finder man nok den dualisme imellem stof/materie/(kvinde) og form/fornuft/idé/(mand), som middelalderens og renæssancens heksebilleder lever af, men man finder også, og langt snarere, en slags dialektik, en udviklingsopfattelse, som i grunden ser kvindens muligheder principielt som lige med mandens.

Denne sidste opfattelse overtages af en genuin renæssancetænker som Giordano Bruno, der er meget stærkt kritisk over for og gør op med den statiske og i grunden middelalderlige opfattelse af kvinden, der går ud på, at hun som bundet til det stoflige skulle være væsentligt set uberegnelig, opak og derfor farlig.

Da Sigmund Freud udarbejder sine teorier om kvinden og herunder penismisundelsen, er heksen og forfølgelserne af hende for længst forbi; ikke desto mindre kan man hævde, at en sekulariseret og så at sige civiliseret udgave af heksebilledet gør sin for det meste uudtalte indflydelse gældende i, hvad man vel kan kalde kollektive, bevidste eller ubevidste forestillinger, og det utvivlsomt ikke uden en i høj grad samfundsskabt og kritisabel basis i virkeligheden. Freud afdækker i høj grad fundamentet for tidens 'hekseforestillinger' (som fx 'furien' og 'hystaden') og åbner de facto vejen for en adækvat kritik af dem.

Som nævnt er heksen ikke noget direkte tema i nogen af de tre centrale teori-fremstillinger, og det er som ligeledes nævnt heller ikke intentionen i nærværende artikel af afdække og fremstille konkrete heksebilleder og -forestillinger. Men for at læseren kan have en idé om, hvilken reference denne forfatter opererer med, når ordet heks nævnes, skal her en for denne artikels ærinde relevant minimalkarakteristik opridses.

Som 'klassisk', så at sige førmoderne heks betragtes her altovervejende en kvinde med et aparte, eventuelt efter de i den givne tid gældende normer hæsligt, udseende samt ditto påklædning og adfærd, og som menes at stå i skjult ledtog med fremmede, ukendte eller socialt ikke beherskede eller accepterede (natur)kræfter, og som derfor anses for i princippet at være til betydelig fare for hele samfundets orden og dettes enkelte medlemmers liv, helse og velfærd.[i] Den 'moderne' udgave af 'heksen', som man må forestille sig hende på Freuds tid, kan siges mutatis mutandis at besidde tilsvarende karakteristika, udadtil, på 'facaden', dog måske mere konformerende med det normale.

Om metoden i arbejdet med artiklens stof er at bemærke, at den hverken vil være essentialistisk eller konstruktivistisk, men dialektisk. Det betyder sagt i al korthed, at metoden må rette sig efter sin genstand, og denne indeholder utvivlsomt såvel, hvad man kan kalde konstruerede eller historisk variable momenter, som momenter af en mere essentiel karakter, der også kan kaldes 'metafysisk' eller transhistorisk.

Aristoteles: *Tvetydige ideer om kvinden*

Den danske, klassiske filolog og historiker Mogens Herman Hansen skriver om den græske filosof Aristoteles' (284-322 fvt.) kvindeopfattelse, sådan som den fremstilles i dennes skrift *Politikken*[ii]: "Ifølge Aristoteles er kvinder, børn og slaver ikke rigtige mennesker. (...) Forholdet mellem mand og kvinde svarer til forholdet mellem hersker og undersåt".[iii]

En forestilling om kvinden som et væsen, der i høj grad er ufornuftigt, som står den rå, uformede og udannede natur nær og altså heller ikke er en ægte samfundsborger, et "zoon politikon"[iv], og som derfor nødvendigvis må styres og ledes af manden, ligger således lige for her. Overlades hun derimod til sig selv, slippes i princippet ustyrlige, ukendte og uigennemskuelige kræfter løs, sådan kunne man forstå det citerede.

Imidlertid tegnes der et mere tvetydigt, om end måske ikke så umiddelbart let gennemskueligt, filosofisk ret abstrakt billede af kvinden i Aristoteles' *Forelæsning over fysik*.[v]

Det hedder i dette skrift: "Stoffet må opfattes som det kvindelige, der længes efter det mandlige, og det hæslige, der stræber mod skønheden. Dog må det hæslige ikke tages i absolut, men kun i relativ forstand og ligeså det kvindelige. På én måde kan man sige, at det går til grunde og opstår, men på en anden måde ikke. Thi for så vidt som det er noget, der indgår i og hører til noget andet, forsvinder det ifølge sit eget væsen; det, der findes i dette andet og går til grunde, er nemlig negationen (kan interpreteres som: det oprindelige, stoffet, det kvindelige, der nemlig ifølge Aristoteles er 'negationen' af formen og det formende; PF). Men for så vidt som stoffet opfattes som indbegrebet af det mulige (det potentielle), er det ikke noget, der går til grunde efter sit eget væsen, men det må nødvendigvis være noget, der er uforgængeligt og uden tilblivelse".

Vi skal i afsnittet om kvindesynene hos Giordano Bruno se, hvorledes en af hans fiktive figurer, den selvforståede Aristoteles-discipel Polihimnio, ensidigt trækker på karakteristikken i det just citerede af kvinden som hæslig eller rettere trækker på den – måske ovenikøbet kun tilsyneladende – implicitte analogi mellem det kvindelige og det hæslige. Det kunne hævdes, at denne karakteristik stemmer godt overens med den ovenfor fremstillede opfattelse i *Politikken* af kvinden.

Imidlertid kan denne karakteristik hævdes at blive kraftigt modificeret af Aristoteles, stadig i det fra *Fysikken* netop citerede. I sin *stræben* – og det er netop denne stræben, der må gives eftertryk – efter det, som manden væsentligt besidder, hvilket ifølge Aristoteles først og fremmest er fornuften, og sin tilsvarende stræben efter det skønne forekommer hun nemlig ikke principielt at være stillet ringere end manden; tværtimod er det ikke til at se, hvorfor hun ikke skulle kunne opnå det samme eller noget helt tilsvarende. Og man skal desuden lægge mærke til, at det er *stoffet som sådant*, der må ses som det kvindelige, der længes; kvinden er altså en metafor for stoffet her. Dette implicerer, at manden, der unægtelig også er et fundamentalt betragtet stofligt væsen, på samme vis som kvinden er det, er at anse for et 'kvindeligt' væsen, om man så må sige, der stræber efter at virkeliggøre sine muligheder, og det vil altså især sige sin fornuft på basis af uformet eller endnu ingenlunde fuldt udformet natur!

Understreges må det også, at Aristoteles heller ikke opfatter "det hæslige" som noget absolut; det kan nemlig, set i et vist perspektiv, "gå til grunde" ved kvinders/menneskers bestræbelse på at blive bedre, på at forfine sine egenskaber og evner. På den anden side påpeger Aristoteles dog, at "det hæslige" ("det kvindelige"!) eller rettere dettes mulighed aldrig lader sig udrydde, da stoffet/det materielle/det kropslige aldrig lader sig helt eliminere.

Såfremt der kan siges at være en tvetydighed i det fra *Fysikken* citerede, må det henføres til en differens i henholdsvis mandens og kvindens potentiale for teoretisk og/eller praktisk fornuft sådan at forstå, at kvindens væsen er sådan indrettet, at hun aldrig ville kunne opnå mandens fornuftsniveau på noget felt, kun et rent kvindeligt (i.e. lavere) fornuftsniveau. Det kan ikke udelukkes, at Aristoteles har tænkt i sådanne baner, og hans politiske tænkning peger da som vist også i den retning. Sådan som man imidlertid må forstå det rationelle indhold hos Aristoteles, er der i princippet kun én fornuft, som ikke lader sig graduere; dvs., at dens realisering lige så vel kan opnås af en kvinde som af en mand, eftersom begge er at betragte som (ligeværdige) fornuftsvæsener. Dermed ikke være sagt, at enhver mand lige så lidt som enhver kvinde *faktisk* realiserer fornuftens fulde potentiale.

Min påstand her er den, at Aristoteles i sin praktiske filosofi, fx sin politiske tænkning, i meget høj grad er præget af sin tids konventionelle forestillinger om kvinden som et i forhold til manden mindreværdigt, men for polis' beståen immervæk nødvendigt væsen, mens han i sin teoretiske filosofi, som i *Fysikken*, om ikke klart eller bevidst ser kvinden som principielt ligeværdig med manden, så i hvert fald takket være sin filosofis iboende logik kun dårligt kan opretholde sin og sit samfunds vanemæssige forestillinger om kvinden og manden samt forholdet dem imellem.

Under alle omstændigheder er det ikke muligt at anskue kvinden som konstitutionelt set en heks hos Aristoteles; ganske vist kan hun muligvis siges at være tættere på naturen end manden, men hun har dog sin fornuftige bestemmelse, sin bestemte, utvivlsomme, fornuftige plads i verden. Kun hendes mistrivsel, der i så fald grundlæggende må skyldes manden eller mandssamfundet – in casu polis, bystaten – ville muligvis kunne gøre kvinden til noget, der svarer til en heks. Men kvindens natur/stof er i sandhed ligesom mandens anlagt på at blive formet til noget godt i overensstemmelse med sit iboende potentiale og er således ikke principielt foragteligt, sådan som det modsætningsvis er tilfældet hos renæssancefilosoffen Giordano Brunos fiktive figur Polihimnio, som vi vil se det i næste afsnit om Brunos tanker om kvinden.

Giordano Bruno:
For kvinden i Renæssancens modsætningsfulde verden[vi]

At renæssancen var en brydnings- og overgangstid, præget af forandringer og en grundlæggende angst på alle livets områder, langt snarere end en entydig og modsætningsfri periode vidner Giordano Brunos (1548-1600) skæbne og værk om. Så når jeg hævder, at Brunos tænkning var ganske typisk for renæssancen, betyder det langt fra, at hverken det intellektuelle miljø eller endsige den almene tidsånd helt igennem var præget af, hvad man kan kalde genuin renæssanceånd. Det betyder derimod i denne konkrete sammenhæng, at Bruno var eksponent for de nye, revolutionerende tanker, der kom op i 13-1500-årene, og som stod i modsætning til høj- og senmiddelalderens skolastiske, dogmatiske og af en vis udlægning af Aristoteles (384-322 fvt.) prægede teologi, filosofi og kosmologi – en modsætning, som pavekirkens magtfulde autoritet gik sejrrig ud af, hvad angår Brunos personlige vanskæbne, men som den tabte til de kommende århundreders sekularisering og liberalisering af den vestlige verden.

Bruno betragtede universet som uendeligt og uden centrum, hvad der i sig selv var forbundet med fare for hans liv, da romerkirken jo anså jorden som det ubestridte midtpunkt i universet.

Han mente også, at der var mangfoldige veje til erkendelse af beskaffenheden af universet, som altså af ham blev bestemt som en grundlæggende enhed, som altings fundamentale enhed. Også her divergerede hans synspunkter fra pavekirkens, som for det første kun så én farbar, legitim og legal vej til sand erkendelse, nemlig pavekirkens på dennes egen trosfortolkning baserede erkendelse, hvor Bruno på sin side så mangfoldige og ikke nødvendigvis på tro baserede veje. Og for det andet anså romerkirken ikke universet for en enhed på samme måde som Bruno, men snarere dels som opdelt i den skabende Gud på den ene side og den skabte verden og dens skabninger på den anden, dels som dualistisk struktureret i henholdsvis det gode og det onde fordelt på hver sin pol. Heller ikke disse divergenser med pavekirken og dens inkvisitionsinstitution var ufarlige for Bruno.

Ydermere bar den omstændighed, hvis man tillader dette billede, ved til bålet,[vii] at Bruno, trods sin plaidoyer for universets enhed[viii], hældte til en filosofisk materialisme, i hvilken han tildeler stoffet, i modsætning til formen, forrang: "Og selv om jeg hævder, at hele denne mangfoldighed samles i én udelelig væren hinsides enhver udstrækning, vil jeg sige, at den væren er det stof, hvori så mange former forenes" (227). Stoffet er således den grundsubstans, der er formernes forudsætning og hvoraf disse dannes eller hvorfra de "emanerer", "udstrømmer", som det hedder i den nyplatonisme, Bruno var en beundrer af. På sæt og vis 'skabende', aktivt er således grundlæggende betragtet snarest det dengang ellers officielt af kleresiet foragtede stof og ikke Ren, Immateriel Form ('Gud'), som den katolske kirkes kanoniserede filosof, Aristoteles ellers, i hvert fald ifølge den fra højmiddelalderen og endnu altså på Brunos tid officielle Aristoteles-eksegese, mente det.

Det skal dog bemærkes, at Bruno ikke mente det muligt for ham eller for noget andet menneske at erkende "den guddommelige substans" (168), eller noget Første Princip (dvs. en gud/Gud), der så at sige, ifølge Bruno, er og nødvendigvis må være uendelig langt væk fra alt (skabt) i universet – hvis denne skabende gud/Gud da overhovedet er til, en mulighed, som Bruno dog ikke ekspliciterer. Vi er således henvist til at erkende på grundlag af den såkaldte "verdenssjæl", hvilket i realiteten vil sige henvist til at erkende naturens egne, iagttagelige og fornuftige lovmæssigheder, hvilket igen for Bruno vil sige naturens virkeårsager[ix] og former. Dette kunne imidlertid tolkes sådan, at Bruno var ateist eller agnostiker, og ofte, hvad der synes plausibelt, tolkes hans opfattelse da også som panteistisk, hvad der i realiteten også vil sige: uden en kristen skabergud.

Denne fremstilling af centrale ideer hos Bruno leder frem til den grundlæggende opfattelse hos ham, at universet, verden, menneskene og tingene væsentligt eller primært er karakteriseret ved en vis flydende ubestemmelighed, hvilket har afgørende indflydelse også på hans tanker om kvinden, idet det medfører hans sympatiske indstilling over for hendes stoflighed, der netop er karakteriseret ved noget ubestemmeligt, som også har konsekvenser i retning af det udogmatiske, tolerante, sansende, ja rent ud i retning af vitalitet, livfuldhed.

Når Bruno således i sin dialog *Om årsagen, princippet og enheden* lader en af de fiktive deltagere, Polihimnio,[x] være fortaler for stærkt kvindefjendske synspunkter, så er det på ingen måde Brunos egne, men derimod Aristoteles-tilhængeren og skolastikeren Polihimnios, da Aristoteles af denne tillægges en stof- og dermed kvindefjendtlig holdning, idet kvinden i høj grad eller essentielt forbindes med det materielle, det stoflige, til fordel for en stillingtagen for formen og det formende, Første Princip, som af katolsk teologi blev kaldt Gud. Dette er mao. en dualistisk og dikotomisk holdning, der placerer formen og det gode (og manden) på den ene pol og stoffet, det onde (og kvinden) på den anden, som Polihimnio er gjort til fortaler for, og som Aristoteles her tillægges.

Lad os imidlertid høre, hvad Polihimnio (der i øvrigt fremstilles som ikke overvældende kløgtig og i hvert fald slet ikke som selvstændigt tænkende, men derimod som tomt blærende sig med latinske vendinger[xi]) udgyder om kvindekønnet set i relation til og som metafor for bestemmelsen af det stoflige: "Fordybet i studier i mit studerekammer faldt jeg over denne passage hos Aristoteles i slutningen af *Fysikken*[xii]; hvor han vil afklare, hvad det første stof er, benytter han det kvindelige køn som spejl; et køn – siger jeg – som er genstridigt, svageligt, ustadigt, slapt, frygtsomt, skændigt, nedrigt, gement, sjusket, uværdigt, forkasteligt, uheldsvangert, nedværdigende, koldt, misdannet, tomt, indbildsk, uoverlagt, sygeligt, forræderisk, ladt, ildelugtende, ulækkert, stumpt, lemlæstet, kuperet, amputeret, formindsket, skimmel, utøj, pest, sot, død: 'Sat iblandt os af natur og Gud/os et åg og en trælsom straf'" (220f).

Enhver kvinde var ifølge ovenstående prædikater en potentiel for ikke at sige en født heks, da hun i den grad var væsensforbundet med stoffet, materien, der i sig selv af Polihimnio (læs: af den middelalderlige skolastik) ansås for al ondskabs grund og årsag. Ikke mindst det uigennemskuelige, ustadige og uheldsvangre ved hende (og altså ved stoffet), der reelt gør kvinden til bærer af farlige, overnaturlige kræfter, har affinitet til de bestemmelser af heksen, der ser hende som forvalter af ondt magiske, djævelske kræfter, der ikke er gennemsigtige og forudsigelige for mennesker i almindelighed, men derimod tenderer til at gøre dem rædselsslagent og voldsomt usikre.

Det fundamentalt og helt igennem grusomme ved denne opfattelse er det, at enhver kvinde i grunden anses for født med et meget stort og essentielt betragtet uforanderligt, prædeterminerende potentiale til at blive en heks og derfor til hver en tid er udsat for at blive anklaget og dømt som sådan, medmindre hun lydigt underkaster sig mandens herredømme over sig eller, om man vil, lader sig ubetinget forme af manden og dennes samfund. Men kvindens natur er altså ikke desto mindre utvetydigt, ifølge Polihimnios opfattelse, en heksenatur, helt igennem stoflig, materiel og kropslig af væsen som hun er.

Skønt Aristoteles rigtignok ikke anså kvinder – dette på linje med anskuelsen af slaver – for at være værdige til medbestemmelse i den græske bystat, polis', anliggender, er det næppe rigtigt at tage ham til indtægt for Polihimnios opfattelse.[xiii] Aristoteles' opfattelse synes derimod dybest set langt tættere på Brunos egen end på (den fiktive figur) Polihimnios. Dennes opfattelse eller tilsvarende havde ikke i nogen særlig grad hjemme hverken i antikken eller middelalderen, i hvilken sidste kirke og inkvisitionsdomstol ovenikøbet anså troen på hekse for at være overtro, men har netop hjemme i en periode, hvor alle faste grundlag er borte, og hvor tilværelsens fundamentale usikkerhed nemt kunne få menneskers angst til at gå grassat i den ene eller anden form for irrationel aggression.[xiv]

Brunos eget, mere kvindekærlige standpunkt varetages i bogens første af de i alt fem samtaler af Filoteo (der fra græsk betyder 'ven af Gud')[xv]; denne tager heftigt til orde imod Polihimnios i høj grad tidsbetingede, kristne kvindeopfattelse: "Igen trygler jeg Jer alle tilsammen, og især dig, strenge, nidkære og galsindede Polihimnio: hør op med den vedvarende vrede og det så forbryderiske had mod det meget ædle kvindekøn; ødelæg ikke det smukke i verden, det, som himlen betragter med sine talrige øjne. Kom, kom til jer selv og til bevidsthed, så I kan se, at Jeres nag ikke er andet end åbenbar besættelse og tøjlesløs rasen. Hvem er mere sanseløs og dum end den, der ikke ser lyset?" (163). Man kunne indvende, at Bruno kun anerkender kvinden som smuk eller skøn, men ikke som intellektuelt væsen; imidlertid var den stærkt Platoninspirerede Bruno utvivlsomt af den platoniske opfattelse, at det gode, det sande og det skønne var ét, at altså kvindens væsentlige eller potentielle skønhed er tydeligt tegn på hendes mulighed også for at være intelligensvæsen.

Som det i det mindste kan anes, var renæssancen en særdeles modsætningsfuld periode; in casu på den ene side præget af decideret kvindehad, på den anden side af en værdsættelse af kvinden (der samtidig kan forstås som en allegori for det naturlige), som kunne hævdes at pege frem imod hendes historiske emancipation.[xvi]

Sigmund Freud: *Kvinden som den lemlæstede natur*

Ifølge Sigmund Freud (1856-1939) er det "selvindlysende for et drengebarn, at et kønsorgan som hans eget må tilregnes enhver, han kender, og han kan ikke få dets fravær til at stemme med sit billede af disse andre mennesker".[xvii] Også de små piger anerkender imidlertid drengens kønsorgan som kønsorgan*et* slet og ret – på trods af, at den biologiske videnskab havde erkendt klitoris som "en ægte erstatning for penis" ("a true substitute for the penis"). De små piger overmandes af den grund af penismisundelse ("envy for the penis"), "en misundelse, der kulminerer i det ønske om selv at være drenge, der er så vigtigt i sine konsekvenser".[xviii]

Kvindens kønsorgan ses således i henhold til Freud af begge køn som lemlæstet ("mutilated")[xix]. Denne forestilling om det lemlæstede køn fører til drengens senere kastrationsangst og hans "rædsel for den lemlæstede skabning eller triumferende foragt for hende".[xx] For kvindens vedkommende, hævder Freud videre, kan forestillingen få den konsekvens, at hun udvikler en almen følelse af mindreværd ("inferiority") og begynder at dele mænds foragt for 'sit' køn, som hun i grunden slet ikke betragter som sit eget, idet hun "insisterer på at være som en mand".[xxi]

Forskellige protesterende reaktionsmønstre på forestillingen om den kvindelige kastration, *som det vel at mærke i sidste ende turde anses for berettiget at forstå i den videst mulige betydning som socialt almen undertrykkelse*, er mulige. En pige kan fx reagere på den måde, at hun hærder sig "i overbevisningen om, at hun besidder en penis, og kan senere være tvunget til at opføre sig, som var hun en mand".[xxii] Hos en voksen kvinde kan et sådant adfærdsmønster være begyndelsen til en psykose, ifølge Freud.

Et andet eksempel er pigen, der forkaster tanken om sin kastration, men på den anden side ikke tanken om maskulinitetens overlegenhed og dominans. Hun "overdriver sin forudgående maskulinitet, holder fast ved sin klitorale aktivitet og tager tilflugt til sin falliske mor eller sin far".[xxiii]

På trods af Freuds overvejende og måske overdrevne seksualisering, biologisering og naturalisering af kvindeforagten og den såkaldte penismisundelse forekommer en lang civilisationshistories og en aktuel samfundsstrukturs kvindeundertrykkelse ikke desto mindre klart at have haft nok så stor en betydning herfor. Den nærmest blinde dyrkelse af den sociale magt og rædslen for magtesløsheden, det blot stores – og stærkes

– antagelige og totale overlegenhed over det små, kvantitetens indiskutable, 'diktatoriske' forrang i forhold til det kvalitative er alt sammen inhærent i penis- eller fallosdyrkelsen og den tilsvarende voldsomt nedvurderende opfattelse af kvinden med det størrelsesmæssigt betydeligt mindre, men imidlertid ikke mindre følsomme, lem eller organ som lemlæstet.

Det transhistoriske, fundamentale, civilisatoriske og altså delvis legitime – for så vidt som det var begrundet i menneskers selvopholdelses- og livsdrift og kunne betrygge deres tilværelse – ønske om og den ditto stærke, ofte ligefrem voldsomme, reale bestræbelse på magt over materien, over stoffet, over naturen klinger tydeligvis med her. Det motiv, at kvinden er sindbillede på den utæmmelige, uberegnelige, truende og farlige natur, der imidlertid skal holdes i stramme tøjler og beherskes med magt, som kan ses antydet i antikken hos bl.a. Platon og Aristoteles, og som udfoldes uden forbehold af Polihimnio hos Giordano Bruno, finder vi igen, skal man tro Freud, som del af en almen mentalitet i årtierne omkring år 1900 i tanken – imod hvilken der åbenbart i datiden stort set ikke gjordes indsigelse! – om, at kvinden er "mutilated", lemlæstet, uskadeliggjort, er frataget sin naturlige, men (samfunds)farlige drift og lyst.

Vi har her at gøre med et samfund, der i altovervejende grad dyrker styrken og foragter svagheden, og vi taler om et mandligt køn, som for alt i verden ikke vil indrømme eksistensen af sine feminine sider, hvilke han således fortrænger. Utvivlsomt er det en tendens, der i slutningen af 1800-tallet og begyndelsen af 1900-tallet må ses som potenseret i forhold tidligere perioder, idet naturbeherskelsen med uvurderlig hjælp af naturvidenskab og teknik accelererede voldsomt i den ny tid, og den abstrakte, matematiserende fornuft ('manden') i stadig højere grad havde fået overtaget over den mere konkrete natur ('kvinden'). Freuds teori vidner i hvert fald om, at kvinden af de vestlige samfund og menneskene i dem generelt simpelthen blev betragtet som ikke blot underlegen, men rent ud som 'lemlæstet', dvs. voldsomt skamferet og nærmest (med vold) berøvet ikke blot sit kønsorgan, men i grunden sit hele menneskeværd. At Freud taler om 'lemlæstelse' vidner ligeledes om dette ikke bevidste hos individerne og samfundet, at kvindens antagelige underlegenhed i virkeligheden ikke er naturlig (som man ellers i almindelighed antog), men påført ved vold; og hvem skulle ret beset ellers have øvet denne vold, om ikke mænd og 'mandssamfundet'?

Den voksne kvindes 'normalitet' i datidens vestlige, industrialiserede samfund var imidlertid ikke karakteriseret ved hendes penismisundelse eller protesten imod opfattelsen af hende som lemlæstet. Ifølge Freud findes der en impuls i pigen, der fører hende væk fra penismisundelse og klitorismasturbation, idet hun opgiver at konkurrere med drengene, og hen imod udvikling af femininitet, hvad der medfører en (seksuel) passivitet og en seksualitet koncentreret om vagina og moderskab. Den manifeste 'heks', der naturligvis tilhørte et mindretal, og som på Freuds tid faktuelt ikke længere betragtedes som heks, men derimod som psykoterapeutisk patient, der skal helbredes eller måske rettere normaliseres, skal således findes blandt de so oder so 'protesterende' kvinder. Det skal i denne forbindelse påpeges, at den "Entzauberung" ("affortryllelse") af den moderne verden – dvs. den tendentielle eliminering af alt mystisk, overnaturligt og fortryllende smukt og betagende, men på den anden side også af alle mørke, foruroligende, opake og skjulte magter – til fordel for en (natur)videnskabelig nøgternhed og i det hele taget for en praktisk, nyttebetonet rationalitet selvsagt også havde indvirkning på såvel kvindens som samfundets måde at forholde sig til den kvasihekseagtige utilpassethed og det ditto utilpassede på. Kvinden tyede nu ikke længere til fx hemmelig, sort og fjendtlig trolddomskunst og underlige gerninger, men langt snarere til fx hysteri og til, bevidst eller ubevidst, demonstrativt eller trodsigt maskuline attituder og adfærdsmønstre, privat og seksuelt såvel som samfundsmæssigt, fx i relation til uddannelse, job og karriere. Og tilsvarende blev samfundets måde at forholde sig på nøgternt videnskabelig, forklarende og behandlende.

Den moderne kvinde, der – bevidst eller ubevidst, forvansket eller ikke forvansket – kræver sin seksualitet, sin potens (urkraft, om man vil) og sit hele kvinde- og menneskeværd tilbage som symboliseret af den gamle heksefigur udstyret med det erigeret penissymboliserende kosteskaft[xxiv], er, i hvert fald på Freuds tid, en trussel imod det mandsdominerede samfund på to fronter. På den ene side varsler hendes 'revolte', at det 'svage', det uhæmmede, det kaotiske og ustyrlige kræver sin ret såvel individuelt som socialt. På den anden side er den en potentiel konkurrent til mandens magt såvel i hjemmet som socialt, økonomisk og politisk; med Freud kunne man udtrykke det på den måde, at manden ikke blot føler sig angst for 'at blive kastreret' (lide nederlag), men ovenikøbet for at blive 'kastreret' af den antaget kastrerede kvinde, dvs. frygter en dobbelt nedværdigelse!

De kvinder, der således på mangfoldige, hensigtsmæssige eller måske mindre hensigtsmæssige måder hævner sig eller hævder sig og på sådanne vis samtidig revancherer repressionen af naturen overhovedet,[xxv] er prototyper på hekse/'hekse' på Freuds tid såvel som før. Men 'heksen' var altså i årtierne omkring år 1900 nu ikke længere hjemfalden til bålet, men snarere til det psykoterapeutiske behandlingssystem. Med andre ord fulgte med den vestlige civilisations oplysning og humanisering på den ene side en – og muligvis i forhold til tidligere perioder intensiveret![xxvi] –

undertrykkelse af kvinden, herunder af hendes seksualitet, på den anden. Som en reminiscens af misogynien findes ordet dog stadig som skældsord.

I dag – og ikke mindst fra 1960'erne og frem, men vel med forløbere i det litterære, især skandinaviske 'Moderne Gennembrud' og Georg Brandes (1842-1927) i den sidste del af det 19. århundrede samt i mellemkrigstidens europæiske kulturradikalisme, som Poul Henningsen (1894-1967) var en hovedeksponent for herhjemme – er der uden tvivl sket en emancipation, som det dog på den anden side vil være uforsigtigt at overvurdere, af næppe så få kvinder fra den massive undertrykkelse på i hvert fald en del af samfundets områder. Det betyder imidlertid ikke, at de her behandlede strukturer, der har kvindeundertrykkelse og 'heksetro' – i dag givetvis altså i almindelighed i moderne, 'civiliserede' og 'kultiverede' former – iboende i sig som potentialitet, ikke stadig under for dem befordrende omstændigheder kan gøre sig gældende på den ene eller anden måde og på større eller mindre plan, idet de uden tvivl ligger mere eller mindre latent i enhver samfundsdannelse.

Afsluttende bemærkninger

Kvinden er historisk blevet betragtet som og har i realiteten haft en rolle som "det andet køn"[xxvii] forstået som allegorisk figur for det fremmede og det underordnede og måske i endnu højere grad som en form for indbegreb af *det svage* – jf. vendingen "det svagere køn" eller det engelske "the weaker vessel", "det svagere kar" (begge fraser er dog måske i dag offentligt anatema!) –, som af en beherskelses- og ordenssøgende for ikke at sige -hungrende vestlig civilisation er blevet betragtet og behandlet med vel nok den største foragt.[xxviii]

I meget kort begreb er heksefiguren dels *en form for projektion* af samme vestlige civilisations eget kvindebillede, der er konstrueret som denne ordens- og styrkedyrkende civilisationsforms kontrære modsætning, hvilken den imidlertid i realiteten bærer som en fra sig selv uadskillelig del i sig selv, men som den ikke desto mindre kun dårligt vil kendes ved og hellere end gerne, men uden ægte mulighed for at realisere det, ser helt elimineret. Til det formål fremmanes heksen altså som et tilsyneladende konkret og af den grund relativt let, men illusorisk objekt og mål for hint forsøg på udryddelse af realt uudryddelig fremmedhed, uorden og ikke mindst svaghed. Men dels er figuren på den anden side en i høj grad *samfundsskabt realitet* som en eksisterende, i kød og blod levende, men ofte fordrejet reaktion imod denne kvindeundertrykkelse og uret – der kan hævdes at være del af en historisk bredere natur- og stofundertrykkelse og -fortrængning –, som den vestlige civilisation og dennes enkelte samfund har foranlediget.

Kvindeforagt og heksetro rækker utvivlsomt tilbage til menneskehedens tidligste tider, men først med den i antikken filosofisk konciperede og almene, fremherskende, hierarkiske dualisme med idé, ånd, sjæl og mand placeret øverst, materie, stof, krop og kvinde nederst blev der, ikke mindst hos Platon (ca. 428-348 fvt.), givet et alvorligt og stærkt grundlag for hekseforfølgelse, et grundlag, som dog først realt udfoldes og kulminerer i renæssancen og som dårligt kan siges at være helt elimineret heller ikke i den vestlige del af verden i dag, men her immervæk udelukkende findes i svækkede, mere civiliserede former, om man så tør sige. Man skal dog være opmærksom på, at mekanismerne bag den deciderede, fortidige hekseforfølgelse også kan resultere i forfølgelse af andre grupper og individer. Det Tredje Riges jødeforfølgelser synes således at være ikke så fjernt beslægtet med hekseforfølgelserne, hvad angår visse tilgrundliggende mekanismer.

Litteratur

Abrahamowitz, Finn (2018): *Freud. Et liv.* E-bog.
https://books.google.dk/books?id=CRZrDwAAQBAJ&pg=PT181&dq
=abrahamowitz+hvorfor+hekse+flyver&hl=da&sa=X&ved=0ahUKE
wiwr5mExePfAhVFEywKHYoLAQYQ6AEIKDAA#v=onepage&q=abra
hamowitz%20hvorfor%20hekse%20flyver&f=false. Hentet
14.11.2018.

Aristoteles (1999): *Forelæsninger over fysikken*. Kbh.. Oversat af
Poul Helms.

Bechgaard, Jonas (2018): *Historiens største mysterium er en
kvinde.*
https://historienet.dk/samfund/historiens-stoerste-mysterium-er-
en-kvinde. Hentet 30.11.2018.

Bruno, Giordano (2000): *Om årsagen, princippet og enheden*.
Kbh.. Oversat fra italiensk af Ole Jorn.

Hansen, Mogens Herman (2018): *Kvindens stilling i polis med
særligt henblik på det klassiske Athen,* s. 3 på:

http://aigis.igl.ku.dk/aigis/2008,2/MHH-Kvinden.pdf. Hentet 25.10.2018.

Henningsen, Gustav (2018): heks i *Den Store Danske*, Gyldendal. http://denstoredanske.dk/Livsstil,_sport_og_fritid/Folketro_og_folk emindevidenskab/heks. Hentet 25.10.2018.

Mikkelsen, Hanne Guldberg (2004): *Hekse og trolddom*. Kbh.

Young-Bruehl, Elisabeth, udg. (1990): *Freud on Women. A reader.* London.

Auschwitz' ideologi

Indledning

Når artiklen har titlen *Auschwitz' ideologi* og ikke fx *Nazismens antisemitiske ideologi*, skyldes det interessen i afdækningen af det væsentlige grundlag for især Auschwitz-kz-lejren, der må anses for et af de steder, om ikke selve ste*det*, hvor nazismens væsen tydeligst manifesteres og bedst lader sig studere. Det er således ikke tilfældigt, at Auschwitz har opnået status som selve symbolet, så at sige en slags herostratisk antiikon, på, hvad fascisme[xxix] overhovedet er.

Hvad der ønskes undersøgt, er således ikke så meget officiel nazistisk antisemitisme, der eksempelvis historisk blev udtrykt ved, at den jødiske 'race' slet og ret ansås for selve 'modracen', dvs. alt det slette, som 'den ariske race' ikke hævdedes at inkarnere, og hvis antagonistiske, absolutte, uforsonlige modsætning denne skulle være. Derimod tager undersøgelsen sigte på at bidrage til afdækningen af, hvilken underliggende eller fundamental ideologi det var, som reelt, men ikke nødvendigvis eksplicit eller bevidst, var praktisk styrende for og i forvaltningen af Auschwitz?

Dette betyder ikke, at nazismens officielle ideologi ikke i virkeligheden blev praktiseret i Auschwitz og andre udryddelseslejre. Det betyder derimod, at der fandtes nogle underliggende, og måske dybereliggende og mere omfattende bevæggrunde for praksis, som ikke fik (klart) udtryk i den officielle ideologi. Nazisternes efter sigende fremskredne planer for udryddelse af det tyske samfunds gamle mennesker lader sig således dårligt forstå igennem en ariskcentreret ideologi, men lader sig givetvis bedre begribe igennem en mere dybtgående analyse af, in casu, den herskende lejrpraksis' ideologiske fundament. Analysen af disse underliggende bevæggrunde turde ikke mindst anses for vigtig for den lære, som eftertiden måtte kunne drage af uhyrlighederne.

Især tre centrale, klassiske og uomgængelige, men hvad angår genre og teoretisk observans forskelligartede, skrifter vil udgøre undersøgelsens grundlag. Det drejer sig om den italienske forfatter Primo Levis erindringer om og erfaringer af dehumaniseringen som fange i Auschwitz som især videregivet i *Se questo è un uomo* fra 1947 (da. *Hvis dette er et menneske,* 1992). Det er endvidere primært Theodor W. Adornos bidrag til den i USA under og lige efter 2. Verdenskrig kollektivt gennemførte videnskabelige og filosofiske analyse af "den autoritære personlighed" (udgivet i bogen *The*

Authoritarian Personality, 1950). Og det er for det tredje Hannah Arendts filosofisk reflekterende, journalistiske rapport "om ondskabens banalitet" fra processen imod Adolf Eichmann i 1961 i *Eichmann in Jerusalem: A Report on the Banality of Evil* fra 1963/64 (da. 2008).

Disse skrifter vil blive kritisk analyseret med forsøget på opstillingen af en teori om *den praktiserede ideologi* i Auschwitz for øje.

Hannah Arendt:
*"Ondskabens banalitet"*xxx

Forbemærkning

På omslaget af den danske udgave af Hannah Arendts bog fra 1963 præsenteres den tyske embedsmand Adolf Eichmann (1906-62) som "SS-officer og ansvarlig for deportationen af millioner af jøder til de nazistiske udryddelseslejre. Han flygtede fra amerikansk krigsfangenskab i 1946 og endte i Argentina. Her blev han kidnappet af israelske agenter i 1960 og bortført til Israel. Efter en spektakulær retssag blev han dømt til døden for forbrydelser mod menneskeheden og hængt i Jerusalem i 1962".[xxxi] Han var søn af en "relativt velstående forretningsmand og fabrikant". Han læste til ingeniør, men sprang fra og blev handelsrejsende før sin karriere i nazipartiet og -regimet.[xxxii]

Arendt var til stede under retssagen og rapporterede om den for avisen *The New Yorker*. På baggrund af disse artikler skrev hun bogen om *Eichmann i Jerusalem*.

Et afgørende motiv for en undersøgelse af uhyrlighederne under det nazistiske regime især i udryddelseslejrene må utvivlsomt være kravet: "Aldrig mere!" Og sagen, som bør undersøges, må være: *hvad skete der helt grundlæggende, betragtet under overfladen?* snarere end denne: hvad sagde og mente nazispidserne og -ideologerne? Et er nemlig, hvad officielle ideologer og højtstående personager tilhørende partieliten mente; slige ideer og meninger er ikke ensbetydende med, hvilke ideologisk-strukturelle formationer, der gjaldt i udryddelsesprocessens praksis, og faktisk heller ikke nødvendigvis med, at partielitens meninger overhovedet eller i nogen betydelig grad og udstrækning nødvendigvis ville blive adlydt af samfundets borgere i praksis. Det kan sagt med andre ord hævdes, at de officielle forestillinger om og fremstillinger af jøder som fx 'rotter' og som for samfundet evigt skadelige og ikke mindst den logiske, men aldrig officielt udtalte, konsekvens heraf, altså enhver tysk borgers principielle pligt til det åbenlyse, 'offentlige' mord på jøder med alle midler til hver en tid, i længden var uacceptable som handlingsvejledende – skønt de utvivlsomt havde en suggestiv værdi – i det på trods af alt endog særdeles civiliserede tyske samfund. Noget andet end den officielle ideologi er altså, *hvad* der væsentligt foregik i praksis og hvad der på den måde de facto må hævdes at være blevet anset for i realiteten legitimt af ikke blot statsapparatet, men tillige af den altovervejende del af samfundets borgere.

Analysen af, hvad der dybest set skete som herskende praksis, kan således med føje, med henblik på at nå nærmere ind til denne sags kerne, undersøge de for praksis relevante, udryddelsesprocesorienterede tankemønstre og disses grundlag hos en protagonist i forbindelse med udryddelserne som Adolf Eichmann. I de følgende afsnit vil Arendts beskrivelse og analyse af Eichmanns i denne forbindelse relevante tankeverden blive analyseret.

Arendts Eichmann-fremstilling

Eichmann lagde overordentlig stor vægt på, at han aldrig selv havde bestemt noget som helst af overordnet betydning; han handlede udelukkende loyalt efter ordre ovenfra. Arendt refererer ham for dette: "Han havde ikke været en del af den herskende klike, han var et offer, og kun lederne fortjente at blive straffet".[xxxiii] Dette fravær af egne beslutninger understreges af, at han "aldrig 'personligt' havde haft noget som helst imod jøder".[xxxiv]

Han var bedre end andre til to ting: "Han kunne organisere, og han kunne forhandle".[xxxv]

Eichmann hyldede, som det var gængs i SS, "objektivitet", der i SS' sammenhæng og for Eichmann selv i realiteten betød så meget som total følelseskulde, vel at mærke i enhver retning: "Denne 'objektive' indstilling – at tale om koncentrationslejre som et spørgsmål om 'administration' og udryddelseslejre som et spørgsmål om 'økonomi' – var typisk for SS' mentalitet, og det var noget, som Eichmann under retssagen var meget stolt af. Gennem sin 'saglighed' (Sachlichkeit)[xxxvi] adskilte SS sig fra 'følelsesbetonede' typer som Streicher, det 'urealistiske fjols', og også fra visse 'teutonisk-germanske partispidser, der opførte sig, som om de gik klædt i horn og skind'".[xxxvii] Til at understrege denne "objektive" indstilling kan Eichmann citeres for den opfattelse af en overordnet, *dr.* Stahlecker – den ikke veluddannede Eichmann lagde vægt på det at være veluddannet –, at denne "var fri for hadefulde tanker og chauvinisme af enhver art".[xxxviii]

Administrationens sprog, som Eichmann bifaldt, i forbindelse med "den endelige løsning" (die Endlösung)[xxxix] på jødespørgsmålet var rent organisatorisk, "objektivt"; således blev det endelige bestemmelsessted for hver sending jøder, som Eichmann skulle have oplysning om fra et andet kontor, "fastlagt på baggrund af forskellige drabsanlægs 'modtagekapacitet' samt anmodningerne om slavearbejdere fra de mange industrivirksomheder, der havde fundet det fordelagtigt at oprette filialer i nærheden af nogle af dødslejrene"[xl]. Spørgsmålet om det fundamentalt retmæssige i at sende jøder i udryddelseslejre er komplet fjernet fra synsfeltet og de relevante problematikker; det relevante var lejrenes "modtagekapacitet" og virksomheders efterspørgsel efter slavearbejdere. Altoverskyggende var det, at der var orden med 'tingene', og at disse 'ting' fungerede efter en ydre, 'rationel' hensigt; 'tingenes' egen beskaffenhed var principielt uden nogen betydning. Eichmann var disponeret for tekniske løsninger, således også på jødespørgsmålet.[xli]

Et styrende princip for Eichmann var ubetinget loyalitet i forhold til loven, ja endog identifikation med ikke blot loven, men primært med lovgiveren (in casu Føreren) som sådan. Eichmann hyldede således rigid legalisme. Arendt kommenterer dette sådan: "En lov var en lov, og der kunne ikke gøres undtagelser".[xlii]

Han manglede ifølge Arendt evnen til at *tænke* fra andres synsvinkel: "Det var umuligt at kommunikere med ham, ikke fordi han løj, men fordi han var omgivet af det mest pålidelige værn mod andres ord og tilstedeværelse og således mod virkeligheden som sådan".[xliii] Man kunne for så vidt kalde Eichmanns personlighedskonstitution for narcissistisk og 'skizoid'; han var fuldt og helt optaget af sig selv, sine egne behov, de umiddelbart givne livsmuligheder og sin karriere[xliv], og han var udelukkende i stand til at projicere egne interesser ud på den omverden, hvis reale forfatning han ikke kunne se, som var blokeret for ham.

Hans narcissisme kom bl.a. til udtryk i det følgende tilfælde. Han var i Bratislava i embeds medfør for at tale om administrative opgaver, og her havde han også spillet kegler med den slovakiske indenrigsminister på den dag, hvor SS-spidsen Heydrich blev myrdet. Arendt kommenterer hertil: "At evakuere og deportere var blevet en rutinesag. Det, som hans sind hæftede sig ved, var keglespil, at være ministerens gæst og nyheden om Heydrich. Og det var kendetegnende for hans form for hukommelse, at han overhovedet ikke kunne huske, hvilket år denne mindeværdige dag, hvor 'bødlen' blev skudt af tjekkiske patrioter, indtraf".[xlv]

Da Eichmann af en kaptajn i ordenspolitiet bliver vist rundt i dødslejren Treblinka, den ene af seks sådanne i Østeuropa, får fremvist små træbarakker og får forklaret at "'det hele var godt isoleret, for motoren fra en russisk ubåd ville blive tilsluttet og gasserne blive ført ind i denne bygning, så jøderne ville blive forgiftet'", er Eichmann helt igennem optaget af sin egen reaktion:

"'Det var også uhyrligt for mig. Jeg er ikke så robust af natur, at jeg kan holde den slags ud uden nogen form for reaktion … Hvis jeg den dag i dag ser et åbent sår, må jeg kigge væk. Jeg tilhører den kategori af mennesker, så jeg fik ofte at vide, at jeg ikke ville kunne blive læge. Jeg kan stadig huske, hvordan jeg med det samme så det hele for mig, og at jeg blev svag i kroppen, som om (sic!) jeg havde gennemlevet noget sindsbevægende. Det kan ske for alle og efterlader en vis indre skælven'".[xlvi] Selvoptagetheden og ufølsomheden turde være mere end tydelig nok; men på trods af alt taler Eichmanns her beskrevne reaktion også om sådanne reminiscenser af en menneskelighed, der taler imod en dæmonisering af ham.

Eichmanns eneste motiv for at udføre det arbejde, som han gjorde, og som Arendt foretrækker at kalde "administrative massakrer" (administrative massacres)[xlvii] frem for folkedrab, var ifølge Arendt udelukkende "usædvanligt flittige bestræbelser på at opnå forfremmelse"[xlviii].

Nærmest konkluderende skriver Arendt, at "problemet med Eichmann var netop, at der var så mange som ham, og at de hverken var perverse eller sadistiske, men var, og stadig er, forfærdelig og forfærdende normale"[xlix]. Og videre: "Ondskabens banalitet er så skrækkelig, at den unddrager sig ord og tanke".[l]

Kommentar

Kardinalspørgsmålet til Arendt må være, om Eichmanns handlinger, og overvældende mange andre personers i SS-toppen med ansvar for menneskeudryddelserne, dybest set var udtryk for en "banal ondskab", altså om han og de virkelig blot handlede som normale embedsmænd, der bare pligtskyldigt og loyalt udførte deres ovenfra givne opgaver.

For at kunne besvare dette spørgsmål er det imidlertid hensigtsmæssigt at belyse, hvad Arendt mente med udtrykket "ondskabens banalitet" samt omfanget af dettes berettigelse. De fleste vil utvivlsomt umiddelbart undre sig over betegnelsen "banalt ond" om en person, der i en ledende stilling besørgede udryddelsen af flere millioner mennesker. Med hvilken begrundelse lader dette sig eventuelt med rette eller rimelighed kalde banalt?

Man kunne, med rette eller urette, spekulere over, om en medvirkende (og sandt nok banal!) grund til selve betegnelsen kunne være af journalistisk art, om man så må sige – og bogen er som nævnt først udkommet i form af avisartikler –; betegnelsen er overskriftsagtigt kort, umisforståelig, sensationel og fængende. En anden medvirkende grund kunne muligvis være af en slags pædagogisk og folkeopdragende, men implicit, karakter, som, dersom det blev udtalt, ville understrege dette: heller ikke du skal føle dig retfærdig, for også dit eget, almindelige og rutinemæssige arbejde kunne let involvere, at du pådrog dig et principielt tilsvarende, juridisk ansvar som Eichmann og talrige andre 'almindelige' embedsmænd, der var i det nazistiske regimes tjeneste!

Af mere substantiel betydning er det imidlertid, at Arendt – og i denne, ovenikøbet centrale, henseende kan hun uden tvivl misforstås og er givetvis også blevet det – næppe ville tilskrive ethvert lands embedsstand eller mennesker i det hele taget til alle tider "ondskabens banalitet", men at hun tværtimod synes at se den som relativt særegen for Nazityskland eller i hvert fald ikke fælder domme om andre nationers embedsstandsmentalitet og befolkninger. Hun synes at se det som relativt særegent for Nazityskland, at i det allermindste talrige højtstående embedsfolks samvittighed så at sige var koblet fra til fordel for ren lydighed i forhold til loven og især til lovgiveren selv.

Og det er, hvad Arendt kalder "ondskabens banalitet", der måske snarere burde kaldes 'ondskabens normalitet i Nazityskland' eller 'ondskabens konformitet i Nazityskland', idet ordet banalitet i højere grad giver associationer til noget forholdsvis harmløst og blot kedsommeligt. Og Eichmanns 'ondskab' har desuden en særlig karakter; Arendt fremviser billedet af ham som ikke særlig begavet, stereotypt tænkende og talende, som gentagende sig selv i et klichéog frasefyldt sprog, som yderst forfængelig og pralende, men ikke som ond i betydningen overvejende sadistisk og brutalt sindet. 'Ondskaben' ligger i en på sæt og vis naiv, men uhyrlig afstumpethed i form af en ubetinget, 'saglig', følelseskold tro på absolut lydighed i forhold til loven og lovgiveren. At administrere og organisere 'objektivt', teknisk og økonomisk ordentligt var eneste formål i og for Eichmanns bestilling ifølge hans selvforståelse. Det, mente han, kunne give ham den sociale anseelse, han som det eneste bestandig higede efter.

Forstået sådan giver betegnelsen "ondskabens banalitet" plausibel mening, nemlig som betegnelse for en relativt almindelig, naivt afstumpet, 'saglig' lydighed hos ledende embedsmænd i den nazityske forvaltning, en mentalitet, som uden tvivl endda var endnu mere udbredt blandt dele af befolkningen i Nazityskland.

Ifølge Arendt var Eichmann ikke jødehader og ingen psykopatisk og sadistisk massemorder. Det interessante i den forbindelse er imidlertid ikke så meget, om hans psykiske konstitution var af en sådan beskrevet slet forfatning eller ej, selv om Arendts vurdering af Eichmanns mentalitet dog for så vidt forekommer ganske overbevisende. Det interessante er derimod, om det glødende jødehad var nødvendigt eller ønskværdigt for hans funktion, eller om det tværtimod ville have været en hindring for udførelsen af hans arbejde.

For det formål at udrydde mange millioner jøder fra de fleste af Europas lande var effektivitet en uomgængelig betingelse. En overordnet funktionær, optændt af raseri og følelsesmæssigt ustabil, ville passe dårligt med de krav til kølige for ikke at sige iskolde, 'rationelle' beslutninger og handlinger, et sådant ellers uoverskueligt forehavende ville kræve. Udryddelserne i deres helhed, fra planlægning til gaskammer og krematorium, er at ligne ved en industriel, teknisk avanceret proces, som krævede organisatorisk kunnen, men ikke jødehad; enhver følelsesladethed ville have været at betragte som et klart minus for denne proces' gennemførelse. En ubesindig, radikal ytring i pressen om udryddelse kunne fx have vakt en jødisk befolknings mistænksomhed. Og en ledende funktionærs iver efter at få så mange jøder som muligt transporteret til udryddelseslejrene kunne have medført uløselige transportproblemer, som eventuelt havde kunnet så en mistillid til hele forehavendet.

Dertil kommer, at jødehadske udladninger af nazispidser og andre uden nogen tvivl ganske vist gjorde sin suggestive virkning i forbindelse med massearrangementer og i radiotaler. Men ingen eller forsvindende få mennesker (i det mindste i den vestlige del af verden) ønsker og ønskede derimod at møde en følelsesladet, rasende embedsmand eller ønsker sig i det hele taget sådanne som administratorer af sit samfund; følelsesladethed i forbindelse med det offentlige embede forbindes uvilkårligt med utroværdighed, partiskhed og korruption, altså med uretfærdighed, og vil på den måde fylde borgeren med en intolerabel usikkerhed

For Eichmanns funktion ville hans eventuelle jødehad i en betydelig grad således have været uhensigtsmæssigt; tesen om hans kolde "objektivitet" og særdeles betydelige, effektive, administrative talent og kompetence synes derimod klart at passe til hans effektivitetskrævende, 'industrialiserede' job som fod i hose, dettes betydelige islæt af maskinagtig, mekanisk præcision taget i betragtning.

I en vis forstand stemmer betegnelsen "ondskabens banalitet" ganske godt med fremherskende tendenser i den almene mentalitet i Nazityskland – tendenser, som i virkeligheden hverken lader sig indskrænke til dette land og dettes form for regime eller til den periode, om end i langt de fleste tilfælde uden for nazitiden i afsvækket form. Helt banalt så at sige kan mentaliteten karakteriseres som en stærk lovlydighed med tilsvarende vægt på administrative problemløsninger, en lovlydighed i hvilken den enkeltes personlige samvittighed er deponeret. Dette karakteristikum er parret med en nøgtern centrering om egen (og sine allernærmestes) overlevelse eller kredsen om det 'at klare sig' og klare sig godt eller bedst på de givne sociale betingelser. Disse karakteristika kan kaldes banale, for så vidt som enhver kan genkende sig selv i dem, blot er de altså hos personen Eichmann repræsenteret i mest ekstreme form.

Når man alligevel vægrer sig ved at kalde Eichmanns immervæk betydelige del af ansvaret for den nøgterne udryddelse af flere millioner mennesker for "banal", så skyldes det lige præcis den næsten ubegribeligt ekstreme karakter af hans psyke og handlinger, hvilke tilmed blev besørget med netop en nøgternhed, en "objektivitet", som også kan kaldes følelseskulde. En kritik eller et korrektiv af Arendts tese må således netop tage fat i spørgsmålene: hvoraf kommer den ekstremitet i psyke og handlinger hos Eichmann, der synes at betyde en væsensforskel fra 'normal', samvittighedsfuld tænken og handlen? og: hvori består den nærmere bestemt? Disse spørgsmål vil blive taget op i essayets afsluttende afsnit.

Primo Levi: *Den moderne, dehumaniserende teknik*[li]

Levi om Auschwitz' umenneskeliggørelsesarbejde

Levis erfaringer og betragtninger befinder sig så at sige på den modsatte side af Eichmanns, nemlig på 'objektets', på lejrfangens. En central passus i bogen lyder: "At tilintetgøre et menneske er vanskeligt, næsten lige så vanskeligt som at skabe et. Det havde ikke været nemt, og det var ikke gået hurtigt, men det var lykkedes for disse tyskere. Her står vi, tæmmede af jeres blikke. Fra vores side har I ikke noget at frygte, ingen voldshandlinger, ingen trodsige ord, ikke engang et fordømmende blik".[lii] Citatets kontekst er den, at Levi sammen med andre 'Häftlinge' (arbejdsduelige og -pligtige kz-fanger) netop har overværet hængningen af en opsætsig medfange, som de var tvunget til at bivåne. Levis beskrivelse af og refleksioner over uhyrlighederne i Auschwitz videregiver især et stærkt og dybt indtryk af, *hvordan* sådan tilintetgørelse af mennesket, der var et af lejrens væsentligste formål, blev udført og gennemført. Og som det fremgår af citatet, var denne "tilintetgørelse" ikke først gennemført med menneskers kliniske død, men allerede, mens de endnu var i live.

I lejren er mennesket entydigt reduceret til tingslige enheder, til rene, kvantificerbare genstande uden kvalitative forskelle: "Med den absurde præcision, vi senere måtte vænne os til, kaldte tyskerne til appel. Til sidst spurgte officeren: 'Wieviel Stück?' Korporalen smækkede hælene sammen og svarede, at der var sekshundrede og halvtreds 'stykker', og at alt var i orden".[liii]

Til således at omforme menneskene til ensartede ting brugtes i lejren, foruden slag og spark, blandt andet tilsyneladende uskyldige midler som den musik, der ledsagede fangerne på vej til arbejde. I bogens tilfælde er Levi dog kun lyttende, da han er indlagt på lejrens lazaret: "Stortrommernes og bækkenernes hamren lyder vedvarende og monotont. (…) Vi ser på hinanden fra vores køjer, og alle føler, at denne musik lyder, som kom den fra Helvede. Der er kun få temaer, en snes stykker, hver dag de samme, morgen og aften. Marcher og populære sange, som alle tyskere holder af. De sniger sig ind i vore hoveder og vil være det sidste, vi glemmer fra lejren. De er selve lejrens stemme, det mærkbare udtryk for dens regelrette galskab, for andres beslutning om at tilintetgøre os, først som mennesker, senere for langsomt at dræbe os. Når denne musik lyder, ved vi, at kammeraterne udenfor i tågen er på vej til arbejdet som livløse automater. Deres sjæle er døde, og musikken fører dem af sted som vinden fører de visne blade, og den sætter sig i deres viljes sted. Ingen har nogen vilje længere. Hvert trommeslag bliver til et skridt, en ufrivillig sammentrækning af udmattede muskler. Det er tyskernes værk. Ti tusind mennesker har de omdannet til en kæmpemæssig grå maskine, præcist programmeret. Menneskene i den tænker ikke længere, vil ikke tænke, de går bare".[liv] Hver dag samme musik og samme hamrende, fragmenterende, hårdt opdelende rytmer, der eliminerer optræk til enhver fornuftig sammenhæng og enhver sammenhængende, differentieret tanke hos 'publikum'. Det informerer på denne indirekte måde om, at alt og alle til alle tider og på alle steder er det samme forskelsløse materiale, i princippet udelukkende stof for vilkårlig bearbejdning og brug,[lv] samt at videre tænkning over dette 'faktum' er umuligt og ikke ønskværdigt.

Alting og herunder alle mennesker er således væsentligt hamret ud, stykket og stanset ud til altid ensartede, uforanderlige genstande, objekter uden nogen indre sammenhæng 'genstandene' imellem. Det er en 'metafysisk' sandhed i og for lejrens styrende ideologi, at der ikke er noget at tænke over, ikke noget at tale om og ikke noget at spørge om; den "store, stærke vagts" afvisning af spørgsmål i det følgende citat er således ikke affødt af hans egensindige, vilkårlige beslutning, men derimod af en styrende idé – som vagten ganske vist ikke er eller behøver være fuldt bevidst om – om verdens egentlige beskaffenhed. Situationen forud for citatet er den, at Levi uden for 'sin' barak brækker en istap af for at slukke sin tørst, men den bliver brutalt snuppet fra ham af vagten. Levi spørger ham: "'Warum'", og der svares: "'Hier ist kein Warum', her er der ikke noget, der hedder hvorfor, svarede han og skubbede mig brutalt ind igen. Forklaringen er afskyelig, men enkel: på dette sted er alt forbudt, uden begrundelse, det er formålet med lejren".[lvi]

Den lære, som Häftlingene drog af den totale og i praksis alt gennemsyrende, almengyldige atomiserings, splittelses, sammenhængsløsheds og uvidenheds særlige 'lejrmetafysik' og '-pædagogik', var de facto også en historieløshedens og desillusioneringens ideologi: "Vores visdom lå i 'ikke at prøve at forstå', ikke at forestille os en fremtid, ikke at plage os med, hvordan eller hvornår det hele ville være forbi, ikke stille hverken os selv eller andre spørgsmål".[lvii] Hverken fortid, fremtid, håb, fantasi, tanke, kausal- eller anden sammenhæng, heller ikke mellemmenneskelig, fandtes eller var tilladt at findes for fangerne.

Enhver (fange) er således isoleret og eksisterer udelukkende for sig selv, ser i princippet sig selv og andre som objekter, som materiale, der skal bearbejdes og ad den vej beherskes; han tvinges til at se og instinktivt percipere alt uden undtagelse som sådanne objekter, tilsyneladende affødt af en vild, desperat dødsangst, en angst for ikke at overleve. De andre skal således på den ene eller anden måde beherskes i den gensidige, nådesløse overlevelseskamp: "Normalt er et menneske (.) ikke alene, og selv om det går op og ned for ham i livet, er han stadig forbundet med sine naboer, hvorfor det hører til undtagelserne, at nogen opnår ubegrænset magt eller går helt i opløsning som følge af en konstant række nederlag. (…) Dertil kommer, at såvel loven som menneskets egen moral har en beskyttende virkning. Jo mere civiliseret et land er, jo bedre og mere effektive er dets love til at forhindre et svagt menneske i at blive endnu svagere, eller et stærkt i at blive for magtfuldt.

Men i koncentrationslejren er alting anderledes. Her er kampen for at overleve nådesløs, thi alle er alene på frygteligste og mest desperate vis. Hvis en eller anden 'Nul Atten' vakler, har han ingen til at række sig en hjælpende hånd. Tværtimod vil andre skubbe ham til side, for ingen er interesseret i at arbejde sammen med en muselmand".[lviii]

Lejrens eksklusivt disjunktive logik, dens strenge enten-eller-logik, er enerådende og ubønhørlig; enten (be)hersker du (med alle, også gerne ufine, midler, der uden for lejren eventuelt ville blive anset for kriminelle som fx tyveri fra medfanger, og som ikke kommer de tyske magthavere på tværs), eller også er du behersket, enten er du privilegeret, eller også er du ikke-privilegeret, enten er du undertrykker, eller også er du undertrykt, enten overlever du, eller også skal du dø. Også blandt Häftlingene er den sociale struktur hierarkisk – men immervæk strengt pragmatisk; enten er du nu og her "økonomisk nyttig", dvs. arbejdsduelig, eller også er du "udvalgt" –, som her på arbejdspladsen: "Mischa og galicieren løfter en støttebjælke og anbringer den hårdhændet på vores skuldre. Deres plads er den mindst trættende, så de lægger en overdreven iver for dagen for at beholde den. De råber ad deres tøvende kammerater, de ansporer, advarer, presser en utålelig arbejdsrytme igennem. Det fylder mig med vrede, skønt jeg allerede ved, at det er helt normalt, at de privilegerede undertrykker de ikke-privilegerede. Lejrens sociale struktur er baseret på denne lov".[lix] Med andre ord: "Der findes to klart adskilte kategorier af mennesker: dem, der klarer sig, og dem, der går til grunde".[lx] Men, påpeger Levi: "I livet findes også en tredje udvej, som faktisk er den mest normale. Men den eksisterer ikke i koncentrationslejren".[lxi]

Levi ser også Auschwitz som et laboratorium, et gigantisk forsøg, iværksat af de nazistiske magthavere med henblik på studiet af, hvordan det forment livstruede "menneskedyr", inklusive magthaverne selv, bedst muligt sikrer sin overlevelse; man ville altså, siger han, som et af lejrens formål sikre sig teorier og teknikker hertil: "Jeg vil henlede opmærksomheden på, at lejren som bekendt også fungerede som et gigantisk biologisk og socialt eksperiment. Man lukkede tusinder af mennesker, forskellige af alder, baggrund, oprindelse, sprog og kultur, inde bag pigtråd, lod dem leve et strengt kontrolleret liv, som var ens for alle og ikke opfyldte nogens behov, som var hårdere end den skrappeste forsøgsleder kunne have udtænkt, for at undersøge, hvad der er indbygget og hvad der er tillært, når menneskedyret kæmper for sit liv".[lxii]

Levi er af den anskuelse, at "kz-lejren er produktet af en ganske bestemt verdensopfattelse, gennemført til yderste logiske konsekvens".[lxiii] Og tyskerne synes da også for en første betragtning at have haft fuld kontrol over alle hændelser i lejren og at have haft indsigt i alle udførte og potentielle tricks fra de indsattes side, fx når det gjaldt om at undgå udvælgelse til tilintetgørelse: "Kun ganske få finder et smuthul, for det er næsten umuligt at undgå udvælgelserne. Dem foretager tyskerne med stor alvor og omhu".[lxiv]

Imidlertid var den nazistiske logik måske i virkeligheden knap så konsekvent, som det kunne se ud; man undersøger Häftlingene for, om de er arbejdsduelige, eller de er ubrugelige og derfor skal elimineres; men det sker overfladisk, hurtigt og med fejl, eventuelt grove fejl. Og i sidste ende forekommer hele denne eksamination omsonst, da lejrens hovedformål er at fremskaffe nye pladser, nøjagtigt udregnet, ifølge Levi: "Eksaminationen er for hurtig og overfladisk, og under alle omstændigheder er det vigtigste for lejren ikke, at de mest ubrugelige fanger bliver elimineret, men at nye pladser hurtigt fremskaffes efter et særligt procentsystem, som er aftalt på forhånd".[lxv] Man udfører altså alvorlige undersøgelser med henblik på fangernes arbejdsduelighed; men resultatet er, set i et 'overordnet' perspektiv, ret ligegyldigt, for de, der lige nu var fanger, skal som det vigtigere blot, via gaskamrenes eliminering, give plads for nye! Men er det i grunden sådan, det forholder sig? Eller er det snarere sådan, at Auschwitz' idéfundament i virkeligheden, som i det just citerede, til syvende og sidst må fremtræde som det, det er: nemlig som væsentligt gennemtrængt af krasse modsigelser; in casu vil man have arbejdspræstationer af de indsatte, man vil have deres arbejdskraft, men samtidig, lige nøjagtig på samme tid, vil man deres ekstermination.

Kommentar

Levi mente, at kz-lejren var "produktet af en ganske bestemt verdensopfattelse, gennemført til yderste logiske konsekvens". Hvad er imidlertid grundlaget for denne "yderste, logiske konsekvens"? Og hvad indebærer begrebet "yderste logiske konsekvens" i sig selv?

I lejren var mennesket fundamentalt betragtet noget helt igennem fra nazistisk side 'subjektivt' bestemt, noget ideologisk sat,[lxvi] og i og med, at det betragtedes som essentielt set helt igennem bestemt og bestemmeligt, var det følgelig bestemt som et objekt, der principielt var noget kontrollabelt, og som skulle beherskes som netop det, det arbitrært var bestemt som. Det centrale er imidlertid, at mennesket ansås for noget helt igennem bestemt og bestemmeligt og derfor som noget over hvilket, der skal bestemmes, som noget, der skal beherskes. Indholdet i bestemmelsen er med andre ord ikke det væsentlige, det er derimod *formen*: det, at mennesket essentielt er bestemt (over).

Det enkelte menneske betragtes således som om, det var uden noget specifikt indhold; det er derimod i sit væsen genstand for en hvilken som helst bestemmelse, der betyder beherskelse. Denne beherskelse gælder menneskets natur; det er for det første den, der skal beherskes, og den gælder for det andet den ydre natur, der igennem arbejde skal bringes under kontrol. For kontrolleres den ydre natur ikke reelt og i intentionen som det endelige mål, bringes menneskets kontrol over sig selv i fare, idet fx en naturkatastrofe eller bare et mindre 'svigt' af naturen så kunne destruere det menneske, der ellers ville hævde at have fuld kontrol over sig selv.

Denne ideologiske menneskeopfattelse gælder for Føreren og ned til den, der udvælges til gaskammeret; alle, inklusive dem, man kunne kalde nominelle subjekter som fx lejrlederne og SS-folk i lejren, er underlagt det anonyme, altomfattende, totale krav om beherskelse af naturen. Alle mennesker hver for sig uden undtagelse er grundlæggende indholdstomme objekter, ikke virkeligt autonome eller selvbestemmende, og de tillades ikke at have hverken nogen egen eller nogen fælles natur, der igennem refleksion, samtale og fælles beslutninger kunne sætte dem i en indre, nær forbindelse med hinanden og sig selv. Tværtimod er det enkelte, principielt isolerede eller atomiserede menneske i lejren – og udenfor – bestemt som objekt for den arbitrære bestemmelse, der til hver en tid måtte tjene det totale herredømme over naturen.

Lejrens system var altså af en sådan karakter, at det dyrkede styrke, kraft og beherskelse (der de facto betød *underkastelse* under beherskelseskravet), og at det tilsvarende foragtede svaghed, foragtede det, der ikke magter at beherske. I virkeligheden kræver det ikke megen erfaring eller psykologisk indsigt at begribe, at det menneske eller det system, der foragter svaghed, også eller måske først og fremmest må foragte sig selv, al den stund dødelige mennesker i virkeligheden er mere svage, end de er stærke. Denne for det enkelte menneske ubærlige selvforagt må nærmest uvægerlig projiceres ud i yderverdenen og afledes på passende objekter, der betragtes som svage. Som sådanne betragtede nazisterne altså jøderne, men ikke blot dem. Derforuden blev også de mennesker letalt forfulgt, der talte for alment menneskeligt fællesskab (hvor illusoriske og repressive visse af disse konkrete ideer end de facto var), som kommunister og socialdemokrater.

Om det at gennemføre et forehavende til dets yderste, logiske konsekvens skal bemærkes, at det indebærer fuldstændig kontrol over og entydighed – styrke, om man vil – i de begreber, man benytter sig af. Hvis man som sit formål har, at 'alle svage mennesker skal udryddes' og vil gennemføre det konsekvent, så ville det kræve præcis indsigt i, hvad svaghed er, og i hvem, der er (tilstrækkeligt) svage. Så selve tanken om gennemførelse af sit ærinde med yderste, logiske konsekvens, der altså i sig selv inkluderer dyrkelsen af styrke i form af stærke begreber, stemmer helt overens med den dyrkelse af styrke og foragt for svaghed, som de facto fandtes i Auschwitz; denne tanke betyder in casu, at man sætter sin vilje igennem og subjektivt bestemmer det og de svage som noget helt bestemt, fx alle jøder. At føre sin agt igennem med "yderste, logiske konsekvens" indebærer i sig selv, at man benytter sig af absolut stærke begreber, der så at sige hersker over de enkelte entiteter, over de individuelle mennesker og enkeltting, som siges at høre under eller bestemmes af begrebet.

Men hvem kan med rette hævde, at svaghed ikke også kan være en styrke? I hvert fald kan man, bare som et eksempel, konstatere, at den kraft- og styrkeforherligende fascisme under 2. Verdenskrig ikke kunne stå imod de 'svage' demokratier.

Auschwitz' praktiserede ideologi ligger primært i lejrens forherligelse af abstrakt arbejde, i dikotomien mellem subjekt og objekt, i spaltningen i et abstrakt, essens- eller substansløst materiale, der blot er genstand for et lige så substansløst 'subjekts' beherskelsesintention og hypereffektive arbejde. Lejrens (anti)metafysiske eliminering af enhver mindelse om substans eller essens, af ethvert væsenstræk ved verdens mennesker og ting, var lejrens ekstremt konsekvente, men dehumaniserede bidrag til livsanskuelsernes og filosofiens historie.

Theodor W. Adorno: *"Manipulation"*[lxvii]

Forbemærkning

Authoritarian Personality – herefter *SaC* efter den tyske oversættelse, der er benyttet her – blev til i 1940'erne under indtryk af fascismen som del af det omfangsrige forskningsprojekt *Studies in Prejudice*, ledet af Max Horkheimer, i det dengang eksilerede, USA-baserede *Institut für Sozialforschungs* regi. Ikke mindst antisemitismen var et pejlemærke for hele projektet. *Authoritarian Personality* blev udgivet i 1950.[lxviii]

Centralt for *SaC's* interesse står det *"potentielt fascistiske* individ, et individ, hvis struktur gør det særlig modtageligt for antidemokratisk propaganda"[lxix]. Samplet er amerikansk, altså ikke tysk, og socialt repræsentativt udvalgt, men vel at mærke udvalgt uden hensyntagen til forsøgspersonernes politiske eller ideologiske observans.[lxx]

Jeg vil i dette afsnit indskrænke mig til især at behandle dét såkaldte fordomsfuldhedssyndrom, som Adorno kalder "den 'manipulatoriske' type" ("der 'manipulative' Typus").

Analysen af denne "type" må nemlig anses for at have særlig relevans for afdækningen af Auschwitz' ideologi, af fundamentet for dens daglige praksis, idet den uden tvivl repræsenteres af hovedansvarlige for koncentrationslejrene og den etniske udrensning; Adorno nævner således Heinrich Himmler som eksempel på denne "manipulatoriske type", Adolf Eichmann kunne være en anden, kz-lejrchefen i Auschwitz, Rudolf Höss, en tredje. Denne "type" ser med andre ord ud til at være udtryk for en særlig, individuel karakterstruktur, som kan fortælle os en stor del om de grundlæggende, men ikke bevidste motiver for Auschwitz' praksis og dermed for fascismen som sådan. Med andre ord går tesen på, at der findes en signifikant sammenhæng mellem "den manipulatoriske karakterstruktur", Auschwitz' praksis og fascismens (ubevidste) idéfundament.

Den centrale tese og begrundelse for at tillægge analysen af "den manipulatoriske type" så stor betydning for begribelsen af fascismens kernebevæggrunde kan i meget kondenseret form udtrykkes ved, at denne types handlingsmønster formelt og abstrakt set var det for borgerne i al almindelighed, for den generelle mentalitet og for det moderne samfunds mest udviklede trin mest acceptable, ser vi bort fra dets i realiteten afsindige ekstremitet. Nøgternhed, 'objektivitet', strikt legalitet, effektivitet, orden; alle er de egenskaber og 'værdier', som sattes og sættes højt i og af moderne samfund; men fascismen gjorde dem til feticher. Omvendt kan det også siges på den måde, at det følelsesmæssigt ubeherskede, hysterisk rasende og åbent voldelige er og også i 30'erne og 40'erne var outdated, historisk passé og efter al sandsynlighed ikke har nogen fremtid som konstitutive for og i moderne samfund, om end de i dag og ud i en fremtid, vi er i stand til nogenlunde at overskue, givetvis vil kunne findes på overfladen, men da som udtryk for noget andet, underliggende og med en i hovedsagen civiliseret begrundelse. Mao. er "den manipulatoriske type" at anse for et temmelig adækvat udtryk for, hvad der kunne kaldes, 'civiliseret fascisme', for en fascisme, der potentielt og med en vis logisk konsekvens muligvis kan bryde frem i moderne samfund, og som derfor ikke mindst må være den, samtiden må søge oplysning og undervisning om.

Et par yderligere bemærkninger om begrebet 'type' skal forudskikkes. Begrebet er ikke uproblematisk, og blev da i *SaC's* sammenhæng også mødt med indvendinger fra forskellig side. Adorno udlægger kritikken på denne måde: "Til grund for alle argumenter ligger modviljen imod at anvende rigide, uelastiske begreber på det psykiske livs angivelig flydende virkelighed".[lxxi] Denne problematik er Adorno særdeles opmærksom på; han kalder ovenikøbet hangen til typisering af mennesker for noget, der nærmest hører autoritær, "stereopatisk" mentalitet til. Når typisering i *SaC's* sammenhæng ikke desto mindre findes relevant, skyldes det ifølge Adorno og hans kolleger især samfundets egen tendens til at frembringe typer: "Kun ifald de klichéfyldte træk i det moderne menneske bliver identificeret, og ikke ifald de fornægtes, kan den ødelæggende tendens til altgennemtrængende klassificering og indordnen imødegås".[lxxii] Det udefra typificerede ved mennesker under den givne samfundsform må mao. identificeres for desto bedre at kunne modvirkes; formålet med undersøgelsen var således på ingen måde stigmatisering af mennesker, men dybest set støtte og hjælp til dem. Det skal desuden bemærkes og understreges, at de analyserede 'typer' ikke findes i "klassisk renhed" i noget individ.

"Den manipulatoriske type"

I *SaC* (ss. 303-59) inddeles samplet, som en slags konklusion på forskellige kvalitative og kvantitative analyser, i to overordnede typologiske kategorier, hhv. "de fordomsfuldes syndromer" (seks i alt) og "de fordomsfries syndromer" (i alt fem), hvor de sidste ses som mindre "typiserede" end de første og altså i mere eller mindre ringe grad lader sig typologisk indplacere, hvorfor disse ikke vil blive yderligere behandlet her, bortset fra at det kan bemærkes, at den "mindst fordomsfulde type" kaldes for "den genuine liberale", der bl.a. siges at "besidde en stærk sans for autonomi og uafhængighed"[lxxiii].

De seks "fordomsfulde syndromer" kalder Adorno hhv. "overfladeressentiment", "det 'konventionelle' syndrom", "det 'autoritære' syndrom", "rebellen og psykopaten", "'galningen'" ("'der Spinner'") samt "den 'manipulatoriske' type". Denne sidste, som vi i det følgende vil tage nærmere i øjesyn, kaldes "det potentielt farligste syndrom"[lxxiv]. Grunden til denne karakteristik vender vi tilbage til.

Det kendetegnende for den "manipulatoriske" (herefter kaldt m) angives at være "ekstrem stereotypi; stive begreber bliver til mål i stedet for til midler, og hele verden er (for m) inddelt i tomme, skematiske, administrative felter"[lxxv]. At et begreb stivner og bliver til mål og ikke middel, kan med et tænkt eksempel anskueliggøres ved, at begrebet syg om de indlagte på et hospital i virkeligheden er et hjælpemiddel til forståelsen af, at de syge bør forsøges helbredt, men derimod ikke et uudsletteligt stempel, som kan sættes på nogle, men aldrig på andre.

M er helt uden følelsesmæssige relationer endsige stærke, følelsesmæssige bindinger til andre mennesker eller ting ("Objektkathexis"),[lxxvi] og indre og ydre verden hænger slet ikke sammen for denne. Dette resulterer i en slags "tvangsbetonet overrealisme, der betragter alt og enhver som objekt, der skal håndteres, manipuleres og fattes i overensstemmelse med m's egne teoretiske og praktiske skabeloner"[lxxvii].

M er libidinøst besat af teknik, af værktøj og af handling; *hvad* der derimod gøres, er ligegyldigt, hovedsagen er klart, at noget bliver gjort. Selv personer som den demokratiske og liberale præsident Roosevelt, som den unge, mandlige m-forsøgsperson ("108")[lxxviii], der omtales i *SaC's* afsnit om m, ellers ville "afsky", kan denne ytre sig positivt om, "skønt med destruktive undertoner", fordi han "har udrettet noget": "På spørgsmålet, om Roosevelts politik var god eller dårlig, svarede han: 'I hvert fald blev der udrettet noget'".[lxxix]

Det anføres, at der var mange repræsentanter for dette syndrom i Tyskland blandt de "antisemitisk-fascistiske politikere", og som symbol for disse nævnes Heinrich Himmler (op.cit., s. 335). Om disse politikere hedder det: "Deres nøgterne intelligens og det næsten komplette fravær af affekter gør dem vel til de nådesløse. Da de ser alt med organisatorens øjne, er de disponerede for totalitære løsninger. Deres mål er snarere konstruktionen af gaskamre end pogromen. De behøver ikke engang at hade jøderne, de 'skaffer sig af med' deres ofre ad administrativ vej uden personligt at komme i berøring med dem. Deres antisemitisme er tingsliggjort, er en eksportartikel: den skal 'fungere'. Deres kynisme er tæt på perfekt; 'jødespørgsmålet bliver løst på strikt legal måde', lyder deres version af den nådesløse pogrom".[lxxx] Da m altså er organisator, må den givne 'sag', som denne arbejder med, ikke overlades til tilfældighed eller noget kaotisk, men skal derimod løses så teknisk effektivt som muligt i overensstemmelse med juridisk lov og helst, om muligt, én gang for alle. M's opdrag, hans sag, og ikke det enkelte menneske er således det altafgørende. "Besættelsen af at organisere, forbundet med den fixe idé at ville beherske naturen, synes grænseløs",[lxxxi] hedder det også om m.

M *behøver* altså vel at mærke ikke ifølge sin karakterstruktur at hade jøderne, og vil i det hele taget utvivlsomt have svært ved at nære så stærke følelser. Men på den anden side hedder det i Adornos tekst, at "jøderne irriterer dem (altså de nazistiske m); thi hines hævdede individualisme udfordrer deres stereotypi, og de sporer hos jøderne en neurotisk overbetoning af netop de menneskelige relationer, der mangler hos dem selv"[lxxxii].

De nazistiske m er helt igennem på sin opdrags- eller arbejdsgivers side og, dersom det forlanges af arbejdsopgaven, er de modstandere af en anden gruppe mennesker: "Modstillingen af egengruppe og fremmedgruppe bliver til det princip, ifølge hvilket de på abstrakt vis ordner hele verden".[lxxxiii]

Sociologisk betragtet var der "talløse eksempler på denne struktur blandt forretningsfolk og i tiltagende omfang i laget af opadstræbende managere og teknologer"[lxxxiv]. Adorno bemærker dog, at "dette syndrom selvfølgelig kun er repræsenteret i rudimentær form i USA"[lxxxv].

108's politiske forestillinger er, som hos den nazistiske teoretiker Karl Schmitt, bestemt af "ven-fjende-forhold" ("Freund-Feind-Verhältnis"). Foruden i den opfattelse, at der til hver en tid vil findes krige, kommer dette klart til udtryk i hans forhold til "negrene". De hvide og "negrene" angives at være "to verdener" ("zwei Welten"). "Negrene" er og forbliver i hans optik en mindreværdig race. Han ville anbefale raceadskillelse, men dette er ikke muligt, medmindre man vil anvende Hitlers metoder, siger han. Der findes ifølge ham bare to muligheder for at løse dette problem: enten Hitlers metoder eller raceblanding. Adorno kommenterer hertil: "En sådan logik tillader kun en konklusion: negrene skal ombringes. De kommende objekter for sine manipulationer betragter han fuldkommen følelsesløst og udeltagende".[lxxxvi]

Denne "manipulatoriske og patologisk-ligegyldige anskuelsesmåde" gør sig også gældende for denne m, hvis antisemitisme i øvrigt angives at være tydelig ("deutlich erkennbar"), i relation til jøderne: "'Man kan ikke kende jøderne på deres ydre; de er nøjagtig som alle andre".[lxxxvii]

M's psykologisk tvangsmæssige og ekstreme forholden sig til omverdenen som slet og ret rent objekt for forarbejdende handling modsvares af, hvad der inden for samfundsteori kaldes tingsliggørelse eller reifikation, hedder det,[lxxxviii] dvs. det, at også det enkelte menneske måles på sin økonomiske værdi i (vare)produktionen og måles i pengemæssig bytteværdi eller tilsvarende og derved gøres udvekslelig, udskiftelig og i princippet problemløst undværlig. Det enkelte menneskelige individs ubetingede ret til at eksistere uanset dets samfundsmæssige nytteværdi annihileres samtidig i takt med tingsliggørelsen.

M investerer narcissistisk al psykisk energi i sig selv, men er ude af stand til at etablere en genuint emotionel, erfaren og intellektuel relation til den omverden, hvis egne, selvstændige kvaliteter er blokeret for ham. Hans omverdensforhold forbliver i høj grad præget af "hulhed og overfladiskhed". 108 er således næsten besat af sex, men er uden virkelig seksuel erfaring. Han betegnes som "stærkt hæmmet" og "foruroliget pga. masturbation", der øjensynlig giver ham mindelser om den mangel på (selv)kontrol, der er ham totalt forbudt. Dette giver Adorno anledning til at kommentere med følgende: "I hans prægenitale fase må der være forekommet tidlige og dybe, sjælelige traumer".[lxxxix]

Den samme unge mand (108) vil studere skadedyrsbekæmpelse og gerne arbejde for et stort foretagende som Standard Oil eller ved et universitet og helst i det offentlige. Netop i sammenhæng med hele interviewet fandtes hans erhvervsvalg at have en vis betydning. Det hedder herom: "Som Löwenthal (medarbejder ved *Institut für Sozialforschung*) fastslog, plejer fascistiske talere at sammenligne sine 'fjender' med 'skadedyr'. Muligvis vækker insekterne, der på samme tid er 'frastødende' og svage, den unge mands interesse for entomologi, fordi han i dem ser ideelle objekter for sine manipulationsønsker".[xc] De sadistiske og autoritære træk ved forsøgspersonen lader sig kun dårligt overse her.

Ud over de gode indtjeningsmuligheder ved det omtalte job er 108's interesse i jobbet forbundet med "medvirken ved organisationen af det totale arbejds- og vidensfelt", og han vil gerne "levere et bidrag til organisationen af materialet" ved at skrive en lærebog.[xci]

Også kirkens formål, for så vidt som denne institution overhovedet er nødvendig, er ifølge ham rent manipulatorisk, er at betragte som en udelukkende socialt ordensetablerende Prokrustesseng – "Kirken bejaer han med manipulatorisk formål" –: "'For mange mennesker sætter den (kirken) reglerne, for andre er den ikke nødvendig. En almen, social pligtfølelse ville kunne yde det samme'".[xcii]

108's personlige "metafysiske anskuelser" beskrives som "naturalistiske med et stærkt nihilistisk islæt". Disse anskuelser gengives nærmere således: "Sin egen tro betegner han som mekanicistisk – der findes ikke, siger han, noget overnaturligt væsen, der beskæftiger sig med os mennesker, det hele kan føres tilbage til fysikkens love. Menneskene og hele livet er kun en tilfældighed, men en uundgåelig tilfældighed. Så forsøgte han at forklare, at ved verdens begyndelse opstod der et eller andet stof, og at det næsten var en tilfældighed, at liv opstod og fortsatte med at bestå".[xciii]

Karakteristisk for den mekanicistiske verdensanskuelse og filosofi er det, at der ikke er nogen indre sammenhæng menneske og menneske samt menneske og ting imellem, og at disses forbindelse er (sammen)stød[xciv], altså en ren årsag-virknings-sammenhæng, hvor den ene ting/det ene menneske blot påvirker den anden/det andet, og hvor hverken ting eller handling har noget væsentligt formål. 108's betoning af, at menneskets opståen og eksistens er tilfældig siger i realiteten så meget som, at mennesker lige så vel ikke kan være til som være til, det er grundlæggende ligegyldigt. Han geråder ganske vist ud i den selvmodsigelse, at livet og dets opståen er både tilfældig og nødvendig; men denne "metafysiske" nødvendighed spiller imidlertid kun den rolle for ham, at den sikrer den orden og lovmæssighed i den praktiske verden, der er af så afgørende betydning for m.

Moralsk findes der, set med den omtalte m-forsøgspersons øjne, kun en egenskab af større betydning, nemlig "loyalitet", der "måske skal kompensere for følelsesarmoden". Hans begreb om loyalitet udlægges videre sådan: "Loyalitet betyder hos ham sandsynligvis et menneskes fuldstændige og betingelsesløse identifikation med den gruppe, som han tilfældigvis tilhører, hans fuldstændige afhændelse til sin gruppe og opgivelse af alle individuelle særegenheder til fordel for 'helhedens' vel. De jødiske flygtninge bebrejder han for ikke at have været 'loyale over for Tyskland'".[xcv]

Sammenfattende hedder det om "den manipulatoriske": "Den 'manipulatoriske' undgår psykosen, idet han degraderer virkeligheden til blot og bart handlingsobjekt, hvorved han imidlertid bliver ude af stand til at have en positiv, nær tilknytning til nogen eller noget (Kathexis). Hans tvangsbetonethed er endnu stærkere end den 'autoritæres'[xcvi] og synes at være fuldstændig fremmed for jeget; transformationen af den ydre, tvingende magt til et overjeg har han aldrig tilvejebragt. Den forsvarsmekanisme, der behersker ham, er: total undertrykkelse af ethvert ønske om kærlighed".[xcvii]

Kommentar

Det fremgår af analyseresultaterne i *SaC*, at de fremtrædende træk hos den 'manipulatoriske' for det første er dennes degradering af mennesker, andre levende væsener og ting til ren genstand for bearbejdelse, til objekt for handling slet og ret. For det andet en ekstrem følelseskulde; denne synes ikke mindst at være affødt af en opdragelse præget af nægtelse af tilnærmelsesvis enhver følelsesmæssig forbindelse imellem barn og forældre. Til gengæld synes m tidligt i livet at være blevet belønnet for at indgå i enhver given 'hierarkisk' orden, hvilken m selv har kunnet præge med en vis selvstændighed på det niveau af 'hierarkiet', hvorpå m lige nu befandt sig, og hvorfra det var en (højst ønskværdig) mulighed at nå højere op. Denne hierarkiske orden kunne fx være familiens (patriarkalske), det kunne være skolen/uddannelsessystemet, virksomheden, militæret eller samfundsordenen.

Moderen synes eksemplet ("108") i *SaC* ikke at tilskrive stort anden betydning end hendes underordnede arbejdsfunktion i familien; hun beskrives af ham som "simpelthen mor" ("einfach Mammi").

Man skal med andre ord forstå m som ikke blot almindeligt eller for den sags skyld ualmindeligt ordenssøgende, men derimod som ekstremt ordenssøgende, i yderste fald uanset omkostningerne, om det altså også skulle indebære at hakke en hæl og klippe en tå eller det, der er meget værre.

Som nævnt betegner Adorno m som det potentielt farligste syndrom. Det kan der være flere grunde til. Adorno nævner m's ekstreme "tvangsmæssighed", der gør disse nådesløse og higende efter konsekvens – i tilfældet "jødespørgsmålet" i Nazityskland: higende efter "den endelige løsning".

Desuden skal m's angivne, hovedsagelige, sociale og økonomiske placering i den tids moderne samfund ikke overses. Der er talløse eksempler blandt erhvervsfolk, managers og teknologer på m, hedder det i *SaC*. Det vil med andre ord sige, at mange m i hvert fald i første halvdel af det 20. århundrede tilhørte de mellem- og højere lag i samfundet, der i såvel det forrige som dette århundrede i høj grad var og er medbestemmende for de moderne samfunds økonomiske, sociale og også politiske indretning og udvikling.

Et andet aspekt af denne socialt høje placering er den prestige i befolkningen i almindelighed, som disse samfundslag havde og har i henseende til sådan noget som videnskabeligt-teknisk udvikling og produktion, økonomisk vækst og offentlig, administrativ organisation. De anses i almindelighed for i høj grad tilhørende samfundets dygtige og honnette, samfundsstøttende lag, til hvem man kan nære tillid i modsætning til den skrigende, aggressivt frådende og rasende pøbel, som bl.a. den offentligt fremførte nazisme og ledende folk i denne bevægelse regnedes for af ikke mindst det højere, konservative og liberale, gamle og indflydelsesrige borgerskab i Tyskland.

Vel at mærke bestod og består de nævnte sociale og erhvervsmæssige grupper ingenlunde udelukkende af m, og det utvivlsomt langt mindre i dag end i 30-40'ernes Tyskland; men det, at de efter alt at dømme dengang i et vist ikke ubetydeligt omfang var at finde i disse højstatusgrupper, udstyrede på forhånd dem samt deres metoder og aktiviteter med betydelig status.

For løsningen på jødespørgsmålet var m's sociale status, saglighed, objektivitet, selvkontrol og, om man vil, deres forbundethed med det samfundsmæssige, teknologiske og økonomiske 'fremskridt', i høj grad legitimerende. Denne form for legitimitet var således også den, der, hvis ellers nogen, i manges øjne i høj grad kunne hævdes at legitimere såvel Auschwitz som fascismen og på den måde være kendetegnende for disse.

Banal ondskab eller
ekstrem manipulation?

Der kan dårligt herske berettiget tvivl om, at ekstrem følelseskulde, tvangsmæssighed, tingsliggørelse og ubændig trang til fuldkommen beherskelse af naturen suverænt gennemsyrede Auschwitz' praksis. Hårdhed, strenghed og stivhed i handling og begreb, og mennesker og alt andet opfattet som rent instrument og rent materiale for vilkårlig behandling uden egen ret eller bestemmelse; sådanne prædikater fremgår eller lader sig udlede af alle tre her behandlede hovedkilder som karakteristiske for Auschwitz og *"Die Endlösung"* overhovedet.

Overses skal ikke det abstrakte arbejdes anselige betydning i lejren og for fascismen overhovedet; tilfældigt er det således ikke, at der over indgangen til Auschwitz-lejren med store bogstaver står skrevet: *"Arbeit macht frei"*, "Arbejde frigør". '(Kun) for så vidt og så længe som du er i stand til at arbejde (effektivt), uanset med hvad og uanset, hvad du bliver sat til, går du fri af døden'; det betyder de tre skæbnesvangre tyske ord. De to, arbejdsduelighed eller udryddelse, gik hånd i hånd og var som siamesiske tvillinger i lejren og i, hvad den generelt symboliserede.

Lejrens og hele deportationens metafysiske fundament er nihilistisk; individerne er for intet at regne, og hele Endlösungsprojektets tilintetgørelsesprogram har i virkeligheden blot til formål at gøre dét til skinbarlig virkelighed, som hele tiden har været hele verdens fundamentale væsen: intetheden eller døden. At tro, at nazisterne og især nazispidserne i sidste instans selv ville gå fri af denne bestemmelse, ville være en misforståelse; et indicium herpå er de interne fløjstridigheder internt i partiet og mordene på SA-lederen Ernst Röhm samt flere andre, højtplacerede nazister under "De lange knives nat" i 1934.[xcviii]

Alle ting og mennesker er ifølge samme metafysik at forstå som mekanisk virkende, fra hinanden isolerede ting, der støder til og selv bliver stødt til af andre ting; verden anses således egentlig for en hård og ubønhørlig (fra)stødende verden af hinanden fundamentalt set uvedkommende tingslige enheder. Og jo stærkere stød, man kan tilføje den anden/det andet, desto stærkere står man selv. Styrke og kraft er den altovervejende metafysiske værdi i Auschwitz.

Det skal imidlertid heller ikke overses, at Auschwitz' og altså hele nazismens ideologi er gennemtrængt af krasse selvmodsigelser; søger man derfor entydighed i denne ideologi, er man galt afmarcheret. Her skal kun nævnes to af de mest frappante selvmodsigelser. For det første den totale nihilisme, fornægtelsen af individuelt menneskeværd og af hele naturens eget værd på den ene side, og på den anden side den frenetiske, rastløse arbejdsfilosofi, arbejdsetik og arbejdspraksis, der kun kan have dette ene formål:

at sikre menneskers overlevelse, hvilket i virkeligheden betyder en fordrejet bekræftelse af nærmest uendeligt menneskeværd. Denne selvmodsigelse ophæves ganske vist i nazismens praksis, men den lader sig ikke desto mindre begribe. I Horkheimer og Adornos *Oplysningens dialektik* begribes selvmodsigelsen ved at inddrage beretningen om Odysseus hos kykloperne i Homers *Odysseen*. Efter at have gjort kyklopen Polyfem blind, spørger kyklopen Odysseus om hans navn under dennes påfølgende flugt, og Odysseus svarer: *"Ingen!"* og klarer på den snilde måde frisag for forfølgelse. Kyklopen tolkes af Adorno som den rå og brutale naturkraft, hvis kræfter Odysseus dels stækker med vold og dels unddrager sig ved den snedige list at kalde sig "Ingen". Ved at udgive sig for "Ingen", dvs. ved fleksibilitet og tilpasningsdygtighed til enhver situation – han angiver jo selv ikke at være noget bestemt, og det belønnes med hans overlevelse – klarer Odysseus sig i tilværelseskampen. Omkostningen er imidlertid hans selvfornægtelse, og –ofring, hans reduktion af egen bestemmelse og værd til ingenting. Odysseus er på den måde på godt og ondt dét indbegreb af det moderne menneske, som af nazisterne føres ud i sin ekstreme, rigtignok afsindige yderste konsekvens; mennesket overlever nemlig ved at tilpasse sig, men bare som ingen, hvem det følgelig er legitimt at ombringe, og især såfremt det ikke tilpasser sig eller ikke (eventuelt vilkårligt af magthaverne) *menes* at tilpasse sig, da det ontologisk set på forhånd er uden al værd. At det moderne menneske ontologisk i sin ekstreme form anses for ingen og intet, er således både rationelt og dødsmærket; det at være "Ingen" giver overlevelse, men kun til de dybest set døde.[xcix]

Den anden selvmodsigelse, som skal nævnes her, er kravet om fuldstændig modsigelsesfri indordning af (alle) individer, der af ideologien de facto anses for komplet ligegyldige for og uafhængigt eksisterende af hinanden.

Fascismen, også sådan som den bringes til udtryk i Auschwitz, må utvivlsomt tydes som en moderne bevægelse, langt snarere end den er en nostalgisk tilbagevenden til arkaiske samfundsformer, skønt momenter af sådanne sandt nok ikke er fraværende. Bestræbelsen hen imod orden, effektivitet, præcision og hastighed foruden instrumentaliseringen af mennesket og den ideologiske transformation af naturen til rent materiale, rent objekt for bearbejdelse samt dyrkelsen af handling og teknik, der for fascismen nærmest er en fetich, karakteriserer i høj grad især den del af moderniteten, der primært har med økonomien og produktionen at gøre. Man kan ovenikøbet hævde, at fascismen er en slags konsekvent konklusion på disse økonomiske og teknologiske sider af moderniteten. Fascismen kan fra én side set kaldes ekstrem modernisme; modernisme, der er gået grassat.

Dyrkelsen af statiske, fx antikke og middelalderlige samfunds hierarkiske og militære orden hører imidlertid også med i billedet af fascismen på samme måde som dyrkelsen af en barbarisk nordisk oldtid med dens (antaget) elementære kamp for tilværelsen, herunder vikingers røveriske og morderiske adfærd og erobringslyst.[c] Disse neo-barbariske organisations- og samfundsformer samt tilsvarende mentaliteter er imidlertid for den praktiserede fascisme, som i Auschwitz, affødt af og underordnet den ekstreme teknik- og fremskridtsfetichisme. Fascismen kan betegnes som destruktiv fremskridtslængsel snarere end en regressiv bevægelse hen imod tidligere tiders individuelle og sociale stadier.

Man kan nu spørge, om det ikke var Hitlers primitive – men immervæk notorisk særdeles virkningsfulde! – raseriudbrud, fanatisme og retorik, der var dagsordensættende og bestemmende for, hvad nazismen var for noget, og ikke de nøgterne, 'objektive' embedsmænd som fx Eichmann eller Himmler (men eksemplerne på de sidste er i virkeligheden legio). På overfladen var det ganske vist sådan; men den stærke historiske tendens til 'objektiv' og effektiv beherskelse af naturen samt komplet kølig eliminering af det svage – utvivlsomt forstærket af 30'ernes voldsomme og generelt livstruende konsekvenser af den verdensomspændende økonomiske krise og depression i Tyskland – var Hitler i en vis forstand uden væsentlig indflydelse på, ja var i langt højere grad dens talerør. Dette betyder imidlertid ikke, at Hitler ikke kunne lede disse tendenser i retninger, som han ønskede – retninger, der selvsagt var af den mest vitale og essentielle betydning for det enkelte, berørte menneske –, og eksempelvis gøre jøderne til indbegrebet af svaghed, elendighed, samfundsfarlighed og til selve truslen imod menneskenes (i.e. tyskernes, ariernes) overlevelse; andre grupper end jøderne kunne således være udvalgt med en nærmest identisk funktion, men næppe ganske vilkårligt.[ci]

Det centrale spørgsmål, om Eichmann og i videre forstand Auschwitz og andre kz-lejre og i endnu videre forstand nazismen og fascismen alment udviste "banal ondskab", som Arendt synes at mene, eller om der konstitutivt især var tale om ekstrem "manipulation", som Adorno og hans forskningsteam fandt, lader sig ikke uden videre afgøre med det ene eller det andet af disse svar.

Ikke mange vidner og analytikere synes i tvivl om, at fascismen, og ikke mindst kz-lejrene, hvilke med føje lader sig kalde fascismens sande ansigt, er et væsentligt set moderne fænomen; ord som industri, industriel, teknik, videnskab, ingeniørkunst, effektivitet, minutiøs præcision og objektivitet, alle ord, der giver associationer til moderne samfund og 'værdier', genfinder man ved vel snart sagt ethvert vidnesbyrd om udryddelses- og arbejdslejrene. Derom er også Arendt og Adorno enige. Og enigheden hører ikke nødvendigvis op her, så vidt jeg kan se.

Hvis Arendt tolkes sådan, at en Eichmanns professionelle adfærd blot er udtryk for en embedsmands – og i videre forstand et menneskes – pligt til at udføre, hvad vedkommende får besked på ovenfra, hvis altså Eichmann og andre SS- og nazitopfolk stort set blot var ganske almindelige embedsmænd, kan der være grund til pessimisme, hvad angår modstandskraften i en hvilken som helst befolkning, dvs. såfremt medfølelsen og den selvstændige tænkning og stillingtagen i de moderne samfund i realiteten nærmest er lig nul. Men man kan jo, som Arendt, meget vel argumentere for, at der er uomgængeligt empirisk bevis på, at sådan forholdt det sig faktisk i Tyskland under det nazistiske regimente! Her skal det imidlertid ikke overses, at Arendt forholder sig meget kritisk til Eichmanns måde at agere på i sin stilling; det er tydeligt nok, at hun finder, han burde have sagt fra eller aldrig have sagt til.[cii] En anden ting er, at hun ikke generaliserer Eichmanns 'embedsmandsholdning' til andre lande og historiske perioder end Tyskland under eller omkring det nazistiske herredømmes tid.

Eichmann og andre var imidlertid efter alt dømme ikke blot almindelige embedsmænd, der samvittighedsfuldt udførte "sin pligt" og udførte det arbejde, man var blevet pålagt af den tyske almenheds repræsentanter. Det gjorde de ganske vist også; men de udførte langt derudover sit arbejde med en helt uhyrlig nidkærhed og mangel på medfølelse, som turde række langt ud over en embedsmands pligt og hans egen forståelse af denne, og om hvilken indstilling og adfærd der vel dårligt findes bedre betegnelse end umenneskelig.

Lidt forenklet kan man argumentere for, at en meget vægtig, almen begrundelse for et embedsværk (og faktisk også for et erhvervsliv) er hensynet til *alle* borgere i det samfund, som embedsværket hører til. Ideelt set er ikke mindst den kommende embedsmand således opdraget til medmenneskelighed og forståelse. Dette kan hævdes at udtrykke en væsentlig del af en almindelig eller i hvert fald legitim 'embedsmandsmentalitet' og af et embedsværks fundamentale begrundelse. Men SS-embedsmanden ejede ikke en sådan eller tilsvarende mentalitet, og lejr-systemet var ikke funderet på medmenneskelighed, empati og sympati. Derimod havde såvel fascismens ideologi som SS-mandens individuelle mentalitet den nådesløse eksklusion af (nogle, i sidste ende i virkeligheden alle) mennesker som basis. Slig ekstrem adfærd var særegen for Tyskland. Men en ikke ulig, i ikke ringe grad samfundsbetinget, mentalitet så Adorno og hans forskerkolleger altså også i USA og vel i hvert fald i hele den moderne del af verden, om end ikke i den ekstreme form som i Tyskland under nazismen, skal det pointeres.

I nutidige, demokratiske retssamfund holdes disse ulyksalige tendenser lykkeligvis i høj grad i ave, pædagogisk såvel som politisk og på anden vis. Men at de ligger latent i ethvert moderne samfund i dag forekommer uomtvisteligt. Derfor er oplysning, opdragelse og undervisning ubetinget nødvendige for at forebygge sådanne uhyrligheders genkomst – uhyrligheder, der, dersom de vil vinde indpas, vil iføre sig andre klæder i dag og uden tvivl præsentere sig som 'demokratiske'.

Eichmann og Auschwitz' ideologi var, hvis man skal tale med Arendt og Adorno, udtryk for både "banal ondskab" og ekstrem "manipulation", men immervæk i nærmest altovervejende grad for det sidste.

Litteratur

Adorno, Theodor W. et al (1980): *Studien zum autoritären Charakter.* Tysk oversættelse: Milli Weinbrenner. Frankfurt a.M.

Arendt, Hannah (1964*): Eichmann in Jerusalem. A report on The Banality of Evil*. New York. Der citeres her fra Penguin Book-udgaven fra 1976

Arendt, Hannah (2008): *Eichmann i Jerusalem. En rapport om ondskabens banalitet*. Oversat fra engelsk (og tysk) af Mads Frese. København

Beckett, Samuel (1990): *Murphy*. Oversat af Uffe Harder. København

Horkheimer, Max og Adorno, Theodor W. (1972): *Oplysningens dialektik. Filosofiske fragmenter.* På dansk ved Per Øhrgaard. København

Jørgensen, Torben (2003): *Stiftelsen. Bødlerne fra aktion Reinhardt.* København
jørgensen

Levi, Primo (1947): *Se questo è un uomo.* Torino

Levi, Primo (1992): *Hvis dette er et menneske.* Oversat fra italiensk af Nina Gross. København

Overbye, Stine (2015): *Adolf Eichmann: Jagten på Hitlers effektive massemorder.* https://historienet.dk/krig/2-verdenskrig/nazisme/adolf-eichmann-jagten-paa-hitlers-effektive-massemorder. Hentet 13.2.2019.

Paul, Gerhard (udg.) (2002): *Fanatische Nationalsozialisten oder ganz normale Deutsche?* Göttingen

Welzer, Harald (2005): Täter. *Wie aus ganz normalen Menschen Massenmörder werden.* Frankfurt am Main.

www.denstoredanske.dk

www.da.wikipedia.org

Idéhistorisk Institut i 70'erne – erindringsglimt[ciii]

Jeg påbegyndte mit studium ved det daværende *Institut for Idéhistorie* ved *Aarhus Universitet* i februar 1974 efter et ikke synderligt inspirerende semester ved Samfundsfagsstudiet i samme by og ved samme universitet. Som en vist nok maskeret stopprøve havde dette sidstnævnte studium til en større skriftlig besvarelse i statistik i den undervisningsfri januar måned stukket os en opgave ud med titlen *Dødeligheden på Grønland.* Og man havde i studieledelsen set rigtigt: den utvivlsomt ellers relevante opgave kaldte ikke på mit engagement; jeg stoppede, og tak for det. Dette skifte har jeg ikke haft grund til at fortryde.

Februar -74 var lige efter *Jordskredsvalget* i december -73, der politisk markerede en klar og populistisk højredrejning, som imidlertid på det tidspunkt endnu ikke havde gjort sin entré på *Idéhistorie*, men som dog immervæk så småt var undervejs til at få en vis indflydelse ikke mindst via institutgrundlæggeren Johannes Sløks engagement i partiet *Centrum-Demokraterne.*

Det var en spirende interesse fra gymnasietiden i teoretisk marxisme, jeg kom til instituttet med, en interesse oprindelig affødt af en vel nok noget diffus friheds- og retfærdighedssøgen. Min interesse var teoretisk, egentlig kun lidet politisk; 'den realt eksisterende socialisme' hvor som helst i verden dengang, det være sig i Sovjet, Kina eller Cuba, havde jeg ikke på noget tidspunkt noget til overs for, men havde dog en del til overs for vietnamesernes frihedskamp og oprøret i uddannelsessystemet. Før studierne ved *Idéhistorie* havde jeg foruden Marx med stor interesse, blandt meget andet i den boldgade, læst den østtyske system- og filosofikritiker Robert Havemanns bog *Dialektik uden dogmer?* (1964).

En af de første bøger, jeg kastede mig over efter at være begyndt på idéhistorie-studiet, var den senere professor Hans-Jørgen Schanz' *Til rekonstruktionen af kritikken af den politiske økonomis omfangslogiske status* fra 1973. Bogen er et ungdomsværk, skrevet af en ung mand midt i sine tyvere, og Schanz har, så vidt jeg forstår, sidenhen taget en hel del afstand fra bogen. Heldigvis tilhører dommen over en bog ikke udelukkende forfatteren, og jeg selv blev særdeles inspireret af den begavede og skarpsindige bog, der selvstændigt bearbejdet bragte tanker fra især samtidige vesttyske teoretikere, der var meget stærkt inspireret af den såkaldte Frankfurterskole med hovedskikkelsen Theodor W. Adorno, ind i et dansk og nordisk teoretisk univers. Schanz' bog er uden tvivl et litterært højdepunkt herhjemme for og inden for den teoretiske retning, som kaldes kapitallogikken. Og bogen kan kun dårligt sagligt set kaldes uaktuel i dag.

Var der så en marxistisk, kapitallogisk dogmatiseringstendens på instituttet dengang? Først og fremmest skal det understreges, at der generelt på instituttet uden vaklen fandtes en afstandtagen for ikke at sige en animositet i forhold til den såkaldte Sovjetmarxisme og i det hele taget til kommunismen i øst. Der blev på instituttet lagt al vægt på, at man her bedrev videnskabelig og filosofisk teori, ikke politik, hverken idé- eller partipolitik. Men derudover kan man sikkert godt tale om en kapitallogisk skoledannelse, for hvilken bl.a. Schanz blev anset for en af protagonisterne og uden tvivl den ledende. Men der trivedes vel at mærke også andre videnskabs- og videnskabelige teorier af såvel marxistisk som ikke-marxistisk tilsnit på instituttet dengang, fx inspireret af Karl Popper eller Michel Foucault.

Nogen vil utvivlsomt automatisk hævde, da der nu var tale om en Marx-inspireret (men i virkeligheden var der også tale om en Kant-,
Hegel-, Freud- og Aristoteles-inspireret m.m.fl.) teoretisk skole, at der selvklart også måtte være tale om dogmatik og indoktrinering på instituttet. Men bortset fra almindelig, naturlig, ungdommelig begejstring for og engagement i spændende tanker og bortset fra fryden, lad den da være nok så naiv, ved at mene sig som deltager i en bevægelse hen imod en bedre verden, et engagement og en

fryd, som rigtignok af og til kunne kamme over i en vis bedreviden og afvisning af andre(s) tanker, så finder jeg ikke, der kan tales om dogmatisering på instituttet dengang i 70'erne. Ja, jeg vil faktisk vove den påstand, at den underliggende ånd på instituttet var klart antidogmatisk; at hævde en teoris sandhed er ingenlunde i sig selv dogmatisk, dogmatisk er det derimod at nægte at udsætte den for forsøg på falsifikation. Og som sagt fandtes der altså ret så divergerende teoretiske opfattelser på instituttet,

Et andet og mere alment aspekt af dette er, at skoledannelser er noget helt normalt ved universitetsinstitutioner. Enhver med indsigt i videnskabs- og filosofihistorie ved, at videnskabelige og filosofiske skoledannelser af alle afskygninger har man kunnet og kan man stadig finde alle steder og til alle tider på universiteter i den vestlige verden. Man finder eksempelvis rationalistiske, platoniske, aristoteliske, positivistiske, hermeneutiske, strukturalistiske, konstruktivistiske, diskursanalytiske og dekonstruktivistiske skoler, you name them, der alle har sine mere eller mindre rigide, dogmelignende *'paradigmer'*, som den amerikanske videnskabshistoriker Thomas S. Kuhn i sin bog *Videnskabens revolutioner* fra 1962 kaldte skoledannelserne. Disse blev i øvrigt i det omfang, de fandtes dengang, på instituttet grundigt præsenteret for os studerende, og det ovenikøbet af lærere, der selv bekendte sig til disse retninger.

Skoledannelser ved universiteter er altså ganske almindelige og helt legitime, så længe de er baseret på egen indsigt og frivillig tilslutning, således også kapitallogikken, og de bidrager som oftest til erkendelsesmæssige fremskridt. Man kan så, som det er blevet gjort, også af idéhistorikere selv, kalde tilhængere og medlemmer af en teoretisk skole for 'papegøjer', der altså er efterplaprere af en hovedfigur, hvad nogle sikkert også er; men de seriøse, i grunden kritiske studerende (og lærere) burde man rettere kalde for entusiastiske personer, der ofte, men ikke udelukkende, er unge i tyverne og lette at begejstre. Selv ser jeg langt hellere engagerede studerende end studerende med embedsmandsmentalitet, som studerer ukritisk og uden selvstændig stillingtagen, efter princippet (frit efter Søren Kierkegaard): ”Cand.theol. Ludvig From søger – søger han Gud? Nej. Søger han sandheden? Nej; han søger et embede”. Eller måske søger man ikke engang et embede, men er simpelthen rådvild? Det er virkelig trist; så hellere – også fagligt betragtet – have en teori, hvis sandhed man er overbevist om – indtil den måtte blive gendrevet.

Som sagt var jeg selv dengang i 70'erne særdeles inspireret af kapitallogikken og Schanz' førnævnte bog, men aldrig kritikløst. På et tidspunkt indså jeg således, at det enkelte menneske kunne have en tendens til at forsvinde i den marxske økonomikritiks sociale 'karaktermasker' og tilsvarende og ytrede på den baggrund i en forsamling på en halv snes idéhistoriestuderende et ønske om at læse Søren Kierkegaard. Dette ønske blev i forsamlingen mødt med henholdsvis hovedrysten, hånligt overbærende smil samt udsagn som: "Det må du fandme aldrig sige ovre på instituttet!" (vi sad i *Stakladen*) og: "Det er ikke vejen!" Den sidste bemærkning blev i øvrigt ymtet af en studerende, der nogle år senere skrev en discipelagtigt begejstret aviskronik om selvsamme Søren Kierkegaard... Men som antydet er der altså kun god grund til at bære over med disse/os entusiastiske unge.

En teori bør have indbydelsen til kritik indskrevet i sig, som den tyske filosof Theodor W. Adorno siger det. Det mener jeg også, Schanz' *Til rekonstruktionen af kritikken af den politiske økonomis omfangslogiske status har;* bogens hovedtese går således jævnt sagt ud på at afdække dette: hvad kan Marx' økonomikritik sige noget fornuftigt om, *og hvad kan den modsætningsvis ikke sige noget fornuftigt eller gyldigt om?* I sin yderste, teoretiske konsekvens kan den ikke sige noget fornuftigt om noget, det er helt op til det teoretiske arbejde at vise, hvordan det er fat med det. Alene dette viser den intellektuelle kompromisløshed, åbenhed og frihed og den eksperimenterende ånd, som instituttet dybest set pegede og vel altid har peget hen imod og intenderet at arbejde efter.

Selv har jeg, om jeg så må sige, arbejdet mig ud af

kapitallogikken, skønt den afgjort stadig, på lige fod med megen anden teori og kunst, kan inspirere, idet den – hvilket er at beklage – endnu i dag ikke har vist sig uden gyldighed. Dette er ikke sket ved at bøje af for efemere, tilsyneladende nye, politiske eller teoretiske vinde, men igennem at afdække kapitallogikkens væsentlige svagheder. Men det er en anden historie, som ikke skal udfoldes yderligere her.

Noter

ⁱ Jf. i øvrigt til en udvidet oversigt over konkrete hekseforestillinger artiklen af Gustav Henningsen (2018) om heksetroens og -forfølgelsernes historie.

ⁱⁱ Findes i dansk oversættelse fra 1997 med titlen *Statslære* (gr. titel: *Πολιτικά, Politika*).

ⁱⁱⁱ Mogens Herman Hansen (2018).

^{iv} Betyder egentlig "et politisk dyr".

^v Dette skrift (med den græske titel *Φυσικὴ ἀκρόασις (Physike akroasis), Forelæsninger over naturen*, idet fysik på oldgræsk snarere har betydningen 'natur' end vores moderne begreb om fysik) er oversat til dansk af Poul Helms (2. udgave, Kbh. 1999).

^{vi} Der henvises i denne tekst til Giordano Brunos skrift i dialogform *Om årsagen, princippet og enheden* (Kbh. 2000), oversat fra italiensk af Ole Jorn. Originaltitlen er *De la causa, principio e uno* (London 1584). Alle sidehenvisninger i () er til denne danske udgave.

^{vii} Bruno blev den 17. februar i år 1600 brændt på bålet som kætter af inkvisitionen på Campo dei Fiori ('Blomstertorvet') i Rom.

^{viii} "Universet er altså enhed, uendeligt og ubevægeligt" (241).

^{ix} Aristoteles og den middelalderlige skolastik opererede foruden med virkeårsag (causa efficiens) også med formålsårsag (causa finalis), hvilken Bruno imidlertid ikke anerkendte, da kendskab til alle tings formål forudsætter, at man kan kigge den første årsag, Gud, i kortene, hvad man ifølge Bruno altså ikke kan.

^x Eventuelt spiller dette navn på navnet på Polyhymnia, den antikke græske muse for bl.a. hellig besyngelse eller hellige hymner. Appliceret på Polihimnio kunne dette alludere til dennes 'lovsyngelse' af den autoriserede, katolske lære.

^{xi} Latin var det herskende, akademiske og skolastiske sprog, som Bruno i realiteten også lægger nogen afstand til ved at skrive på folkesproget, italiensk.

^{xii} Polihimnios reference henviser til ss. 50-51 i Aristoteles (1999).

^{xiii} Se hertil teksten om kvindeopfattelsen hos Aristoteles.

^{xiv} Højdepunktet i den europæiske hekseforfølgelse nås i de ca. 100 år fra 1575 til 1675 og altså på Brunos tid. Jf. Gustav Henningsen (2018).

^{xv} I de sidste fire samtaler varetages Brunos anskuelser primært af en figur kaldt Teofilo, der fra græsk dels kan betyde det samme som Filoteo, men dels også 'elsket af Gud'.

^{xvi} Renæssancens modsætninger er generelt voldsomme: således troen på det middelalderlige endelige univers vs. fx Brunos uendelige univers; Jorden vs. Solen som centrum – eller, som for Bruno, slet intet centrum! -; tanken om det gudcentrerede vs. det jegcentrerede univers; tro på universet med altings, herunder menneskers, faste, bestemte sted vs. tankerne om menneskets selvbestemmelse uden 'sikkerhedsnet'; undertvungne undersåtters frigørelse fra økonomisk tvang til en tilværelse som økonomiske subjekter, men i en modsigelsfuld position i forhold til det

stærkt voksende, stadig mere magtfulde, (handels)kapitalistiske markeds 'autonome' mekanismer.

[xvii] Young-Bruehl (1990), s. 122. "It is self-evident to a male child that a genital like his own is to be attributed to everyone he knows, and he cannot make its absence tally with his picture of these other people". Alle Freud-citater i dette afsnit er oversat af mig fra den engelske udgave.

[xviii] Ibid. "an envy culminating in the wish, which is so important in its consequences, to be boys themselves".

[xix] Op.cit., s. 158.

[xx] Op.cit., s. 309. "horror of the mutilated creature or triumphant contempt for her".

[xxi] Op.cit., s. 310. "(she) insists on being like a man".

[xxii] Ibid. "in the conviction that she *does* posess a penis, and may subsequently be compelled to behave as though she were a man".

[xxiii] Op.cit., s. 357. "(she) exaggerates her previous masculinity, clings to her clitoridal activity and takes refuge in an identification with her phallic mother or her father".

[xxiv] Finn Abrahamowitz (2018) citerer Freud for følgende: "Hvorfor hekse 'flyver'; deres kosteskaft er sandsynligvis den store Hr. Penis". Det må imidlertid anses for almindeligt, og altså ikke blot af Freud, anerkendt, at heksens kosteskaft for en væsentlig del er at regne for et penissymbol.

[xxv] Ifølge afrikansk heksetro er det sådan, at: "Hvis heksen giver håndtryk til en mand, bliver hans penis mindre" (Mikkelsen (2004), s. 42). På denne måde at indrømme kvinden lighed med manden betyder således ifølge denne tro, at han sættes ned på niveau med den kastrerede kvinde, at han indrømmer den magtstræbende, kastrerede kvinde en ret til magt over sig.

[xxvi] Dette moment af muligvis historisk eskalerende repression af kvinden kan beskrives på økonomisk-filosofisk grundlag. Med kapitalismens – dvs. de penge, der har som sit inhærente formål at yngle og blive til flere penge – fremstormende intensivering og udbredelse i den vestlige del af verden i de sidste årtier af det 19. århundrede sætter det abstrakt-almenes strukturelle dominans sig i høj grad på varierende vis igennem såvel økonomisk og socialt som socialpsykologisk. Denne tiltagende dominans sker på en modsvarende bekostning af det konkrete – i mere økonomisk terminologi: pengene eller den abstrakte bytteværdi vinder dominans i forholdet til de konkrete produkter, ting samt menneskelige arbejds- og andre relationer –, således fx også som teknologiens og teknikkens herredømme over naturen og som abstrakt, ofte matematiserende rationalitets og naturvidenskaveligheds reduktionistiske beherskelse af 'sit' stof, 'sit' materiale. Dette forhold indebærer også relativt ubesværet og alt andet lige, rigtignok via talrige mellemled og formidlinger og ikke eller i hvert fald ingenlunde altid med en naturlovs nødvendighed, forøget maskulin dominans og tilsvarende kvindeundertrykkelse, ikke mindst i hendes egenskab af en slags naturens og det konkretes særegne 'repræsentant'.

[xxvii] Der også er titlen på den franske filosof og forfatter Simone de Beauvoirs berømte bog fra 1949.

[xxviii] Den tanke om kvindens gode, pålidelige, trofaste natur, som kommer op med romantikken i 1800-tallet er modsætningsfuld. Dels kan den betyde en tillid til kvindens seksuelle driftsliv, men den kan også, som i det 19. århundredes såkaldte Victoriatid, betyde en fortrængning af dette driftsliv, sådan at det fornægtes, at kvinden har seksuelle følelser, da disse i sligt tilfælde forbindes med upålidelighed og troløshed i vid forstand. At være tro ægtefælle og omsorgsfuld moder bliver således de væsentligste bestanddele af kvindens påstået ædle, madonnalignende

natur. I dette sidste tilfælde, hvor den (ubevidste) forestilling om det onde eller slette stof og den ditto natur stadig er individuelt og socialt virkningsfuld, kan hekselignende billeder opstå og gøre sig gældende, om end inden for i det mindste mere civiliserede, humane, legale rammer, fx over for kvinder med en friere eller mere ustyrlig seksualitet

[xxix] Der skelnes ikke i artiklen mellem begreberne fascisme og nazisme, idet denne artikels tema ikke giver væsentligt grundlag for en sådan skelnen.

[xxx] Hovedreferencen til Arendt i artiklen er bogen *Eichmann in Jerusalem. A Report on the Banality of Evil* (1964, 2. udgave; 1. udgaven er fra 1963), hvortil sidetal til de engelske citater henviser. Oversættelserne i dette afsnit, der til denne artikel er let redigeret af mig, er fra den danske udgave, *Eichmann i Jerusalem. En rapport om ondskabens banalitet* (2008).
Hannah Arendt (1906-75) var filosof, tyskfødt og af jødisk oprindelse og måtte derfor i 1933 emigrere først til Frankrig og i 1941 til USA, hvor hun fik statsborgerskab i 1950. Hendes totalitarismeanalytiske bog *The origins of Totalitarianism* (1951) er oversat til dansk med titlen *Det totalitære samfundssystems oprindelse I-III* (1971-79). Jf. artiklen om *HA* på denstoredanske.dk.

[xxxi] I en artikel på historienet.dk hedder det yderligere om Eichman og hans opgaver: "Tanken om at spærre jøderne inde i et særligt reservat er opgivet og erstattet af udryddelses-politikken – den såkaldte Endlösung – idet Hitler har givet ordre om 'fysisk tilintetgørelse af jøderne'.
Fra at være ekspert i tvangs-emigration bliver Eichmann i efteråret 1941 ekspert i folkemord – Hitlers bøddel. Eichmann har ansvaret for samtlige tog, der transporterer jøderne til dødslejrene. Det er også hans opgave at sørge for, at togene er fyldte, og at udryddelseslejrene fungerer optimalt.
Hans kontor tager sig af et enormt antal opgaver, der spænder fra 'afjødificering' af Det Tredje Rige til 'udnyttelse af jøder gennem frisørsaloner'. Sidstnævnte henviser til den industrielle brug af det hår, som klippes af jøderne, når de ankommer til kz-lejrene.
Som administrerende direktør for det største folkemord i historien sørger Eichmann for at have fat i alle tråde, og han inspicerer hyppigt dødslejrene og kommer med forslag til forbedringer og effektivisering.
Han er kort sagt tjenstivrig og hårdtarbejdende, og han sætter da heller ikke sit lys under en skæppe. Mod krigens slutning praler han ofte med, at han egenhændigt har sendt over fem millioner jøder i døden med sine tog". Stine Overbye: *Adolf Eichmann: Jagten på Hitlers effektive massemorder.* https://historienet.dk/krig/2-verdenskrig/nazisme/adolf-eichmann-jagten-paa-hitlers-effektive-massemorder. Hentet 13.2.2019.

[xxxii] Jf. da.wikipedia.org.
[xxxiii] (*"He was not one of the ruling clique, he was a victim, and only the leaders deserved punishment".* S. 247). Arendt synes enig med Eichmann i dennes selvopfattelse af at være uden nogen overordnet beslutningsmyndighed. Når appeldomstolen i Jerusalem således i sin dom

skriver: "'Det var en kendsgerning, at appellanten overhovedet ikke modtog 'ordrer fra højere sted'. Han var sin egen overordnede og udstedte ordrer i alle spørgsmål, som vedrørte jødiske anliggender'", kalder Arendt det "noget farligt vrøvl" (op.cit., s. 243). ("'It was a fact that the appellant had received no 'superior orders' at all. He was his own superior, and he gave all orders in matters that concerned Jewish affairs'". (…) "dangerous nonsense". 210).

xxxiv ("He 'personally' never had anything whatever against Jews". 26). Eichmann gav ifølge Arendt på dette punkt også udtryk for, at "retten ikke forstod ham: han havde aldrig været nogen jødehader, og han havde aldrig villet, at andre mennesker skulle slås ihjel". Op.cit., s. 285. ("The court did not understand him: he had never been a Jew-hater, and he had never willed the murder of human beings". 247).

xxxv Op.cit., s. 58. ("He could organize and he could negotiate". 45).

xxxvi I forbindelse med det, at han blev sendt til Minsk for at rapportere til en overordnet om massehenrettelse af jøder ved nedskydning, om, "hvordan det foregår" ("how it is being done". 89), men først ankom, efter at denne havde fundet sted, sagde han: "Sagen var næsten afsluttet" (op.cit., s. 107; min kursivering. – "The affair had almost been finished". 88) – hvilket, erklærede han dog, var en lettelse for ham.

xxxvii Op.cit., s. 85. ("This 'objective' attitude – talking about concentration camps in terms of 'administration' and about extermination camps in terms of 'economy' – was typical of the S.S. mentality, and something Eichmann, at the trial, was very proud of. By its 'objectivity' (Sachlichkeit), the S.S. dissociated itself from such 'emotional' types as Streicher, that 'unrealistisc fool', and also from certain 'Teutonic-Germanic Party bigwigs who behaved as though they were clad in horns and pelts". 69).

xxxviii Op.cit., s. 90. ("was free of hatred and chauvinism of any kind". 74).

xxxix Betegnelsen "den endelige løsning" er en eufemisme, eller snarere et sprogligt-manipulatorisk trick, idet en endelig løsning på jødespørgsmålet lige så vel som udryddelse kunne betyde den tyske stats og det tyske samfunds velvillige velkomst til jødernes stats- og samfundsborgerskab.

xl Arendt (2008), s. 96. ("This was calculated according to the 'absorptive capacity' of the various killing installations and also according to the requests for slave workers from the numerous industrial enterprises that had found it profitable to establish branches in the neighborhood of some of the death camps". 79).

xli På et tidspunkt skriver Eichmann således til Udenrigsministeriet i forbindelse med deportationen af jøder fra Bulgarien, at (det tyske) politiets udsending i Sofia ville "'tage sig af den tekniske implementering af deportationen'". Op.cit., s. 216. ("… take care of the technical implementation of the deportation". 186).

xlii Op.cit., s. 161. ("A law was a law, there could be no exceptions". 137). – Hertil skriver Arendt desuden: "Han handlede i overensstemmelse med reglen, han undersøgte ordrens 'manifeste' lovlighed, altså dens lovbundethed. Han behøvede ikke at falde tilbage på sin 'samvittighed', for han var ikke en af dem, der ikke havde kendskab til sit lands love. Det stik modsatte var tilfældet". Op.cit., s. 336. ("He acted in accordance with the rule, examined the order issued to him for its 'manifest' legality, namely regularity; he did not have to fall back upon his 'conscience', since he was not one of those who were unfamiliar with the laws of his country. The exact opposite was the case". 293).

xliii Op.cit., s. 63. ("No communication was possible with him, not because he lied but because he was surrounded by the most reliable of all safeguards against the words and the presence of others, and hence against reality as such". 49).

xliv "Lige til det sidste troede han inderligt på succes, som var det eneste kriterium for 'social anseelse', han kendte til". Op.cit., s. 148. *("What he fervently believed in up to the end was success, the chief standard of 'good society' as he knew it". 126)*.

xlv Op.cit., s. 99. *("To evacuate and deport Jews had become routine business; what stuck in his mind was bowling, being the guest of a Minister, and hearing of the attack on Heydrich. And it was characteristic of his kind of memory that he could absolutely not recall the year in which this memorable day fell, on which the 'hangman' was shot by Czech patriots". 82)*.

xlvi Op.cit., ss. 105-6. *("'everything [was] nicely insulated, for the engine of a Russian submarine will be set to work and the gases will enter this building and the Jews will be poisoned. For me, too, this was monstrous. I am not so tough as to be able to endure something of this sort without any reaction .... If today I am shown a gaping wound, I can't possibly look at it. I am a type of person, so that very often I was told I couldn't become a doctor. I still remember how I pictured the thing to myself, and then I became physically weak, as though I had lived through some great agitation. Such things happen to everybody, and it left behind a certain inner trembling". 87)*.

xlvii "Udtrykket har den fordel, at det opløser fordommen om, at sådanne uhyrlige handlinger kun kan begås mod en fremmed nation eller en fremmed race", siger Arendt, op.cit., s. 330. *("The phrase has the virtue of dispelling the prejudice that such monstrous acts can be committed only against a foreign nation or a different race" 288)*.

xlviii Op.cit., s. 329. *(..."an extraordinary diligence in looking out for his personal advancement". 287)*.

xlix Op.cit., 317. *("The trouble with Eichmann was precisely that so many were like him, and that the many were neither perverted nor sadistic, that they were, and still are, terribly and terrifyingly normal". 276)*.

l Op.cit., s. 290. *("... the fearsome, word-and-thought-defying **banality of evil**". 252)*.

li Hovedkilden her er Levis bog *Se questo è un uomo* fra 1947. Oversættelserne i afsnittet er fra den danske udgave *Hvis dette er et menneske* (1992).
Den jødisk-italienske forfatter og uddannede kemiker Primo Levi (1919-87) blev deporteret til Auschwitz i februar 1944 og sad der indtil befrielsen ved *Den Røde Hær* i januar 1945. I 1987 tog han sit eget liv. Levi har skrevet flere bøger om sit fangenskab i Auschwitz, ikke mindst den trilogi, der foruden *Se questo è un uomo* består af *Tøbruddet (La tregua,* 1963; da. overs. 1991*)* og *De druknede og de frelste (I sommersi e i salvati,* 1986; da. overs. 1992*)*. Jf. artiklerne om PL i denstoredanske.dk og da.wikipedia.org.

lii Levi (1992), s. 174. *("Distruggere l'uomo è difficile, quasi quanto crearlo: non è stato agevole, non è stato breve, ma ci siete riusciti, tedeschi. Eccoci docili sotto i vostri sguardi: da parte nostra nulla più avete a temere: non atti di rivolta, non parole di sfida, neppure uno sguardo giudice". 165)*.

liii Op.cit., s. 13. *("Con la assurda precisione a cui avremmo più tardi dovuto abituarci, i tedeschi fecero l'appello. Alla fine 'Wie viel Stück?' domandò il maresciallo; ed il caporale salutò di scatto, e rispose che i 'pezzi' erano seicentocinquanta, e che tutto era in ordine". 14)*.

liv Op.cit., s. 55. *("Arriva assiduo e monotono il martellare della grancassa e dei piatti. (...) Noi ci guardiamo l'un l'altro dai nostri letti, perché tutti sentiamo che questa musica è infernale. I motivi sono pochi, una dozzina, ogni giorno gli stessi, mattina e sera: marce e canzoni populari care ad ogni tedesco. Esse giacciono incise nelle nostre menti, saranno l'ultima cosa del Lager che dimenticheremo: sono la voce del Lager, l'espressione sensibile della sua follia geometrica, della risoluzione altrui di annullarci prima come uomini per ucciderci poi lentamente. Quando questa musica suona, noi sappiamo che i compagni, fuori nella nebbia, partono in marcia some automi: le loro anime sono morte e la musica li sospinge, come il vento le foglie secche, e si sostituisce alla loro volontà. Non c'è più volontà: ogni pulsazione diventa un passo, una contrazione riflessa dei muscoli sfatti. I tedeschi sono riusciti a questo. Sono diecimila, e sono una sola grigia macchina; sono esattamente determinati; non pensano e non vogliono, camminano". 44-5).

[lv] "Min krop er ikke min længere", siger Levi således; op.cit., s. 38. ("Già il mio stesso corpo non è più mio". 33).

[lvi] Op.cit., s. 29. Denne passus er ikke med i den her benyttede italienske udgave.

[lvii] Op.cit., s. 136. ("La nostra saggezza era il 'non cercar di capire', non rappresentarsi il futuro, non tormentarsi sul come e sul quando tutto sarebbe finito: non porre e non porsi domande". 127).

[lviii] Op.cit., s. 101-2. ("Normalmente l'uomo non è solo, e, nel suo salire, e nel suo discendere, è legato al destino dei suoi vicini; per cui è eccezionale che qualcuno cresca senza limiti in potenza, o discenda con continuità di sconfitta in sconfitta fino alla rovina. (...) Si aggiunga ancora che una sensibile azione di smorzamento è esercitata dalla legge, e dal senso morale, che è legge interna; viene infatti considerato tanto più civile un paese, quanto più savie ed efficienti vi sono quelle leggi che impediscono al misero di essere troppo misero, ed al potente di essere troppo potente. Ma in Lager avviene altrimenti: qui la lotta per sopravvivere è senza remissione, perchè ognuno è disperatamente ferocemente solo. Se un qualunque Null Achtzehn vacilla, non troverà chi gli porga una mano; bensì qualcuno che lo abbatterà a lato, perché nessuno ha interesse a che un 'mussulmano' di più si trascini ogni giorno al lavoro". 92-93).

[lix] Op.cit., s. 46-47. ("Mischa e il Galiziano alzano un supporto e ce lo posano con malgarbo sulle spalle. Il loro posto è il meno faticoso, perciò essi fanno sfoggio di zelo per conservarlo: chiamano i compagni che indugiano, incitano, esortano, impongono al lavoro un ritmo insostenibile. Questo mi riempie di sdegno, pure già so ormai che è nel normale ordine delle cose che i privilegiati opprimano i non privilegiati: su questa legge umana si regge la struttura sociale del campo". 36).

[lx] Op.cit., s. 101. ("Esistono fra gli uomini due categorie particolarmente ben distinte: i salvati e i sommersi". 92).

[lxi] Op.cit., s. 103. ("Una terza via esiste nella vita, dove è anzi la norma; non esiste in campo di concentramento". 95).

[lxii] Op.cit., s. 100. ("Vorremmo far considerare come il Lager sia stato, anche e notevolmente, una gigantesca esperienza biologica e sociale. Si rinchiudano tra i fili spinati migliaia di individui diversi per età, condizioni, origine, lingua, cultura e costumi, e siano quivi sottoposti ad un regime di vita costante, controllabile, identico per tutti ed inferiore a tutti i bisogni: è quanto di più rigoroso uno sperimentatore avrebbe potuto istituire per stabilire che cosa sia essenziale e che cosa acquisito nel comportamento dell'animale-uomo di fronte alla lotta per la vita". 91).

[lxiii] Op.cit., s. 5. Forordet, hvorfra citatet stammer, er tilsyneladende bortkommet i det af mig anvendte italienske eksemplar.

[lxiv] Op.cit., s. 146. Citatet redigeret af mig. ("Chi può provvedere provvede; ma sono i meno, perché sottrarsi alla selezione è molto difficile, i tedeschi fanno queste cose con grande serietà e diligenza". 137).

[lxv] Op.cit., s. 151. ("L'esame è molto rapido e sommario, e d'altronde, per l'amministrazione del Lager, l'importante non è tanto che vengano eliminati proprio i più inutili, quanto che si rendano speditamente liberi posti in una certa percentuale prestabilita". 142-3.).

[lxvi] En af nazispidserne siges ved en lejlighed at have udtrykt denne tankegang illustrativt således i en slags almen, nazistisk maksime: "Hvem der er jøde, det bestemmer jeg".

[lxvii] Hovedkilde til dette afsnit er Adornos bidrag i den tyske oversættelse – Studien zum autoritären Charakter (1973, 1980), herefter blot kaldt SaC – af kapitler af det kollektive, under eksilet i USA i

1940'erne gennemførte empiriske og teoretiske studie *Authoritarian Personality* (1950). Jeg benytter altså den tyske oversættelse, som "af Adorno blev betroet Milli Weinbrenner" ifølge Ludwig v. Friedeburgs forord. De øvrige forskere ved projektet og medforfattere af bogen var psykologerne Else Frenkel-Brunswik, Daniel J. Levinson og R. Nevitt Sanford. Ved kollektivt forfattede citater anføres kilden som: Adorno et al., og hvor Adorno alene har affattet teksten anføres kun hans navn.

   Theodor W. Adorno (1903-69) var filosof, sociolog og musikteoretiker. Han var tysk med jødiske rødder fra sin far, der var assimileret. Af i denne sammenhæng relevante skrifter kan nævnes hans og Max Horkheimers bog *Dialektik der Aufklärung* (1947; da. titel *Oplysningens dialektik* (1972 og senere) i Per Øhrgaards oversættelse). Desuden kan det pædagogisk affattede foredrag *Opdragelse efter Auschwitz (Erziehung nach Auschwitz,* 1966*)* anbefales som en fremstilling af læren fra Auschwitz. Artiklen findes oversat af mig i uddrag, seneste version i *Dansk pædagogisk tidsskrift,* 2017, nr. 3.

[lxviii] Jf. Ludwig v. Friedeburgs forord, side IX i Adorno (1980).

[lxix] Oversættelserne af citaterne er af mig. (... "das *potentiell faschistische* Individuum, dessen Struktur es besonders empfänglich für antidemokratische Propaganda macht". Adorno et al. (1980), s. 1).

   Som den østrigske politolog Walter Manoschek (f. 1957) ganske rigtigt skriver, skelner Adorno m.fl. i *SaC* mellem hhv. karakter-, mentalitets- og handlingsstruktur. En autoritær karakterstruktur resulterer således ikke nødvendigvis i antagelse af en fascistisk mening, men kunne lige så vel give sig udslag i tilslutning til fx kommunistisk tankegods. Og endelig er det ikke givet, at en person af fascistisk observans nødvendigvis vil påtage sig fx en SS-persons job. Det, som Adorno og hans kollegers analyse går ud på, er primært afdækningen af forsøgspersonernes karakterstruktur som en fundamental og afgørende betingelse for fascistisk *potentiale* og altså ikke som en determinerende faktor for faktisk medlemskab af et fascistisk parti eller for deltagelse i dettes eller tilsvarende handlinger. Jf. artiklen *Die Wehrmacht und die Shoah* in Paul (2002), s. 176.

[lxx]   Den tyske politolog og historiker Gerhard Paul (f. 1951) hævder i en artikel, at undersøgelsen i *SaC* "forsøger at reducere mangfoldigheden af motiver til et gyldigt patologisk syndrom – den 'autoritære karakter'" (dette i lighed med den jødisk-polsk-engelske sociolog Zygmunt Bauman (1925-2017) i bogen *Modernitet og holocaust,* s. 204-5 (engelsk 1989, dansk 1994), om end uden dennes mere polemiske karakter). Og desuden, skriver han, "på pikant vis blev denne teorimodel udviklet med US-amerikanske og ikke tyske forsøgspersoner" (*Die Täter der Shoah im Spiegel der Forschung,* in: Paul (2002), s. 31).

   Der er imidlertid ikke tale om nogen reduktion til et enkelt, psykologisk betinget motiv for deltagelse i udryddelsen af jøder, men om et særdeles historisk, sociologisk, historie- og socialfilosofisk bevidst forsøg på at afdække de psykologiske strukturer, som kunne have en funktion, der gør individet modtageligt for fascistiske forestillinger og handlinger; nogle var notorisk meget modtagelige, andre mindre og atter andre på det nærmeste slet ikke. At nægte en immervæk ikke-determinerende – altså konciperet videst muligt som sensitiv og variabel ift. det enkelte individ, dets omverden og erfaringer – personlighedsstruktur en ganske anselig betydning for en fascistisk praksis, ovenikøbet så ekstrem som "den endelige løsning", ligner langt snarere en reduktion til ydre historiske eller aktuelle sociale begivenheder som den økonomiske depression og krisen i 30'erne eller Weimar-republikkens kaos og fiasko. Sociologiske forklaringer kan ikke uden videre gøre rede for psykiske fænomener og vice versa;

det sociale og det psykiske må undersøges hver for sig, hvilket dog ikke hindrer, at der let kan være en art betydningsfuld sammenhæng.

Og udelukkende hermeneutisk-fænomenologisk at spørge til og forlade sig på den enkelte SS-mands selvforståede motiver for at deltage i udryddelsen af jøder og andre ville i de fleste tilfælde for det første næppe føre til så meget andet end gengivelsen af ren forsvarstale og forskønnelse af motiverne og for det andet aldrig nå frem til de fortrængte motiver, som ligger til grund for den involverede gerningsmands selvvalgte deltagelse i noget, der ligger så uendelig fjernt fra civiliseret selvforståelse og dagligdagsbevidsthed. Måtte nogen kræve en fuldstændig, empirisk undersøgelse af, hvad der egentlig skete i Auschwitz – der i øvrigt næppe ville tilfredsstille noget ønske om begribelse af sagen –, ville man støde på uoverstigelige problemer alene af den grund, at millioner af vidner til hver en tid ville være fraværende.

At *SaC* undersøger amerikanske borgere og ikke tyske, er næppe nødvendigvis noget handicap i forhold til undersøgelsens formål. Dels tilhører begge lande samme, vestlige kulturkreds, og dels var der jo unægtelig også i andre vestlige lande stærke højreekstreme tendenser og antisemitisme, således også i USA. Og for det tredje må man antage mere åbne og oprigtige svar fra amerikanere, der generelt ikke i så høj grad ville føle sig i forsvarsposition som tyskere, der ikke ville identificeres med nazismen.

[lxxi] *"Grund aller Argumente ist die Abneigung, starre Begriffe auf die angeblich fließende Realität des psychischen Lebens anzuwenden"*. Adorno (1980), s. 303.

[lxxii] *"Nur wenn die klischeehaften Züge im modernen Menschen identifiziert, nicht, wenn sie geleugnet werden, kann der verderblichen Tendenz zur alles durchdringenden Klassifizierung und Einordnung begegnet werden"*. Op.cit., s. 307.

[lxxiii] *"... besitzen einen starken Sinn für Autonomie und Unabhängigkeit"*. Op.cit., s. 353).

Den tyske socialpsykolog Harald Welzer (f. 1958) refererer, men dog skeptisk, Christopher Browning for den på eksperimenter med fængselsindsatte baserede opfattelse, at "social og situativ setting" kan foranledige mennesker, som angivelig ellers ikke er disponeret for det, til at handle sadistisk. Og dette skulle, baseret på andre eksperimenter, i det hele taget gælde "helt almindelige mennesker". Til den kritik, man kan rette imod resultaterne af (og/eller forudsætningerne for) disse undersøgelser, hører ikke mindst for det første, at alle mennesker antages (eller godtages) at være af en identisk mental beskaffenhed, og for det andet en vulgærmaterialisme, der på det nærmeste antager en social og situationsbetinget determinisme af bevidsthed og adfærd. Denne kritik har imidlertid ikke som konsekvens, at sociale og situative omstændigheder ikke har betydning for, om fascistisk, mentalt potentiale bliver manifest, hvad de uden for al tvivl har. Jf. artiklen *Wer waren die täter?* In Paul (2002), s. 243.

[lxxiv] *"(...) das potentiell gefährlichste Syndrom"*. Op.cit., s. 334.

Harald Welzer resignerer øjensynlig over for opgaven at afdække fascistisk potentiale. En psykoanalytisk undersøgelse af de skyldige i Auschwitz mener han således, i modsætning til Adorno, ikke ville have ført til noget. Hans argument er bl.a., vel i overensstemmelse med andre analytikere, at det store flertal af SS-folk, ledere såvel som menige, kunne have bestået de psykologiske egnethedstests til amerikansk militær og politi. Det er imidlertid en gennemgående pointe i denne artikels inddragne, centrale tekster, at SS-folkene for det store flertals vedkommende var nøgterne og "objektive" og i den forstand svarende til det 'normale' og altså ikke psykopatologiske tilfælde i strengere, klinisk forstand. Men det afgørende her er graden af "objektiv" indstilling, og i den forbindelse påviser bl.a. Adorno og hans kollegers analyser en helt ekstrem grad af "objektivitet" hos "de manipulatoriske", herunder ikke mindst mange SS-ledere, en ekstrem grad af det at se og (mentalt beredskab og vilje til at) behandle alle mennesker og ting som materiale eller instrument slet og ret. I øvrigt er det ikke tilstrækkeligt at henvise til 'normaliteten' slet og ret, når modtageligheden for fascismen skal begribes; bruges dette begreb til forklaring, er det påkrævet at differentiere deri og at søge at afdække, præcis hvilken særegen form eller hvilke særegne former for 'normalitet', der så gør sig særligt modtagelig for antagelsen af fascistisk tankesæt og adfærd. Jf. Welzer (2005), s. 9.

[lxxv] *"(…) extreme Stereotypie; starre Begriffe werden zu Zwecken statt zu Mitteln, und die ganze Welt ist in leere, schematische, administrative Felder eingeteilt"*. Ibid..

[lxxvi] Symptomatisk forekommer den i bogen særligt omtalte m-forsøgspersons forhold til faderen: "Han synes at have en vis agtelse for faderen og dennes overbevisninger, men virkelig hengivenhed nærer han ikke for nogen". *("Für seinen Vater und dessen Überzeugungen scheint er eine gewisse Achtung zu haben, hegt aber für niemand wirkliche Zuneigung"*. Op.cit., s. 339).

[lxxvii] *(…) zwanghaftem Überrealismus, der alles und jeden als Objekt betrachtet, das gehandhabt, manipuliert und nach den eigenen theoretischen und praktischen Schablonen erfaßt werden muss"*. Op.cit., s. 335.

[lxxviii] I SaC og herefter i denne artikel kaldt 108.

[lxxix] *"Auf die Frage, ob Roosevelts Politik gut oder schlecht gewesen sei, antwortete er, 'Auf jeden Fall ist etwas getan worden'"*. Op.cit., s. 337. – Franklin D. Roosevelt (1882-1945) var præsident i USA i perioden 1933-45, valgt for *Demokraterne*. Han var manden bag genopretningsplanen *New Deal* under 1930'ernes krise. Jf. da.wikipedia.org.

[lxxx] *"Ihre nüchterne Intelligenz und die fast komplette Absenz von Affekten macht sie wohl zu denen, die keine Gnade kennen. Da sie alles mit den Augen des Organisators sehen, sind sie prädisponiert für totalitäre Lösungen. Ihr Ziel ist eher die Konstruktion von Gaskammern als das Pogrom. Sie brauchen die Juden nicht einmal zu hassen, sie 'erledigen' ihre Opfer auf administrativem Wege, ohne mit ihnen persönlich in Berührung zu kommen. Ihr Antisemitismus ist verdinglicht, en Exportartikel: es muß 'funktionieren'. Ihr Zynismus ist nahezu perfekt: 'die Judenfrage wird strikt legal gelöst', lautet ihre Version vom gnadenlosen Pogrom"*. Op.cit., s. 335.

[lxxxi] *"Die Sucht zu organisieren, verbunden mit der fixen Idee, die Natur beherrschen zu wollen, scheint grenzenlos"*. Op.cit., s. 337.

[lxxxii] *"Die Juden irritieren sie; denn deren angeblicher Individualismus fordert ihre Stereotypie heraus, und sie spüren bei den Juden eine neurotische Überbetonung eben der menschlichen Beziehungen, die ihnen selbst fehlen"*. Op.cit., s. 335.

[lxxxiii] *"Die Gegenüberstellung von Eigengruppe und Fremdgruppe wird zum Prinzip, nach dem sie die ganze Welt abstrakt ordnen"*. Ibid.

[lxxxiv] *"Zahllose Beispiele für diese Struktur gibt es unter Geschäftsleuten und in zunehmendem Maße auch in der Schicht der aufstrebenden Manager und Technologen"*. Ibid.

[lxxxv] *"In Amerika ist dieses Syndrom selbstverständlich nur im rudimentären Stadium vertreten"*. Ibid.

[lxxxvi] *"Eine Logik wie diese läßt nur einen Schluß zu: die Neger sollten umgebracht werden. Die künftigen Objekte seiner Manipulationen betrachtet er vollkommen gefühllos und unbeteiligt"*. Op.cit., s. 338.

[lxxxvii] *"Man kann die Juden an ihrem Äußeren nicht erkennen; sie sind genau wie alle anderen"*. Ibid.

[lxxxviii] *"(…) Zwanghaftigkeit ist das psychologische Äquivalent dessen, was die Gesellschaftstheorie Verdinglichung nennt"*. Op.cit., s. 335..

lxxxix *"In seiner prägenitalen Phase muß es frühe und tiefe seelische Traumata gegeben haben".* Op.cit., s. 336. Dog siger Adorno også, at "vort materiale sætter visse grænser for den psykologiske forklaring af denne type". *("Für die psychologische Erklärung dieses Typs sind uns durch unser Material gewisse Grenzen gesetzt".* Op.cit., s. 335).

xc *"Wie Löwenthal feststellte, pflegen faschistische Redner ihre 'Feinde' mit 'Ungeziefer' zu vergleichen. Möglicherweise erwecken die Insekten, die zugleich 'abstoßend' und schwach sind, das Interesse dieses jungen Mannes an Entomologie, weil er in ihnen ideale Objekte für seine Manipulationswünsche sieht".* Op.cit., s. 336..

xci *"Auf die Frage, was er außer dem Finanziellen von seinem Beruf erwarte, sagt er, er hoffe, bei der Organistaion des gesamten Arbeitsgebietes, des Wissensgebietes mitzumachen. Es gäbe kein Lehrbuch, die Informationen seien nirgendwo zusammengefaßt, und er hoffe, einen Beitrag zur Organisation des Materials zu leisten".* Op.cit., s. 337.

xcii *"Die Kirche bejaht er in manipulativer Absicht". "(...) für manche Menschen setzt sie die Regeln, für andere wiederum ist sie nicht notwendig. Ein allgemeines soziales Pflichtgefühl würde dasselbe leisten".* Op.cit., s. 338.

xciii *"Seinen eigenen Glauben bezeichnet er als mechanistisch – es gebe kein übernatürliches Wesen, das sich mit und Menschen beschäftige; es gehe alles auf physikalische Gesetze zurück. Die Menschen und das ganze Leben sind nur ein Zufall – aber ein unvermeidlicher. Dann versuchte er zu erklären – daß zu Anfang der Welt irgendeine Materie entstand und es fast ein Zufall war, daß Leben begann und weiterbestand".* Ibid.

xciv I Samuel Becketts roman *Murphy* (eng. 1938, da. oversættelse ved Uffe Harder 1966 og senere) betegnes sådan forbindelse polemisk som karakteriseret ved "spark".

xcv *"Loyalität heißt bei ihm wahrscheinlich vollständige und bedingungslose Identifikation eines Menschen mit der Gruppe, der er zufällig angehört, völlige Auslieferung an seine Gruppe und Aufgabe aller individuellen Besonderheiten für das Wohl des 'Ganzen'. Den jüdischen Flüchtlingen wirft er vor, nicht 'loyal gegenüber Deutschland' gewesen zu sein'".* Op.cit., s. 339.

xcvi "Det autoritære syndrom", et andet af de såkaldt "fordomsfulde" syndromer, kommer tættest på helhedsbilledet af en fordomsfuld karakter, hedder det i undersøgelsen. Erich Fromm kaldte det for den "sadomasochistiske" karakter. Denne er "behersket af overjeget og må uophørligt kæmpe imod stærke og højst ambivalente id-tendenser. Angsten for at være svag driver denne type". *("Der* Autoritäre *wird vom Über-Ich beherrscht und muß unaufhörlich gegen starke und höchst ambivalente Es-Tendenzen ankämpfen. Ihn treibt die Angst, schwach, zu sein".* Op.cit., s. 315).

xcvii *"Der manipulative entgeht der Psychose, indem er die Wirklichkeit zum bloßen Handlungsobjekt degradiert, wodurch er aber zur positiven Kathexis unfähig wird. Seine Zwanghaftigkeit ist noch stärker als die des Autoritären und scheint völlig ich-fremd zu sein; die Transformation der äußeren Zwangsgewalt in ein Über-Ich hat er nicht zustande gebracht. Totale Unterdrückung aller Liebeswünsche ist der ihn beherrschende Abwehrmechanismus".* Ibid.

xcviii Om *"De lange knives nat"* hedder det blandt andet: "Mindst 85 personer blev dræbt under udrensningen, men det samlede dødstal kan have været flere hundrede, og over tusinde mistænkte modstandere blev arresteret". da.wikipedia.org; hentet 21.2.2019.

xcix På dette punkt kan der sikkert påvises nogen lighed mellem, hvad der kan kaldes den nazistiske dyrkelse af døden og så den romantiske idé hos nogle tænkere og kunstnere i 1800-tallet, at mennesker først forløses endeligt i døden.

[c] I *Hvis dette er et menneske* mener Primo Levi at have iagttaget, at kriminelle og kriminel adfærd i kz-lejren blev behandlet bedre end lovlydighed.

[ci] I Horkheimer (1972) hævdes det, at jødernes faktuelle 'svaghed' kom sig af deres reelle *politiske* magtesløshed, og det på trods af en del jødisk-tyske borgeres økonomiske styrkeposition.

[cii] Historikeren Torben Jørgensen (f. 1958) mener, at Arendt "kolporterede et billede af Adolf Eichmann, der var i nøje overensstemmelse med hans eget forsvar af sig selv som viljesløs automat" Jørgensen (2003). Imidlertid er Arendts billede af ham mere nuanceret end som så. Eksistentialisten Arendt giver udtryk for den opfattelse, at Eichmanns position og handlinger var resultat af hans eget valg; han kunne have ladet være med at gå ind i SS osv. Men når disse valg en gang var taget, så tyder meget på, at Eichmann i særdeles høj grad var den lydige embedsmand, der temmelig automatisk og lidenskabsløst ift. ofrene gjorde, hvad der blev sagt og forlangt fra højere sted.

[ciii] Skrevet i anledning af *Institut for Idéhistories* 50-årsjubilæum i 2017.